구해줘, 글쓰기 ④

1차시

AI 챗봇,
신뢰할 만한 친구가 되려면

2020년 12월 22일, '나의 첫 AI 친구'를 표방한 이루다가 세상에 나왔다.

그러나 이루다 서비스는 20일만에 어마어마한 논란을 일으키며 잠정 중단됐다.

AI 챗봇은 인간의 친구가 될 수 있을까?

신뢰할 만한 친구가 되려면 어떻게 해야 할까?

우리는 이 새로운 친구를 맞을 준비가 된 걸까?

챗봇의 정의

챗봇(Chatbot)은 채팅(Chatting)과 로봇(Robot)을 합쳐 만든 단어로, 인간의 언어를 인식하거나 이해하고 대답하는 로봇을 가리킨다. 초기 챗봇은 거의 문자로 소통하는 방식이었으나, 최근에는 음성인식을 통해 대화체로 소통한다.

챗봇의 종류

① 선택형 챗봇 주로 홈페이지 문의 센터에서 활용된다. 챗봇 개발자가 미리 설정해놓은 틀에 맞춰 정해진 답변을 내놓는다. 예를 들어 쇼핑몰 챗봇의 '배송 문의' 버튼을 누르면 배송 조회 안내 링크가 나오는 식. 기본적이고 반복적인 대화가 오가는 간단한 상담 등에 쓰인다.

선택형 챗봇에는 인공지능이 탑재돼 있지 않은 경우가 대다수. 그래서 사용자와 심도 깊은 대화를 나눌 수 없다. 가령 내가 쇼핑몰 챗봇에게 "네가 가장 좋아하는 동물은 뭐야?"라고 수천 번 물어도 대답을 들을 수 없다.

② 대화형 챗봇 스스로 대화 데이터를 학습해서 시간이 지날수록 자연스러운 대화를 구사하는 챗봇. 인공지능을 통해 사용자의 취향을 파악, 다음 대화 내용을 예측해서 개인 맞춤형으로 응답할 수 있다. 논란이 크게 돼 서비스가 중단된 인공지능 챗봇 '이루다'도 대화형 챗봇이다. 대화형 챗봇은 개발하기 까다로워 선택형 챗봇보다 적지만, 최근 인공지능 기술이 발전하면서 늘어나는 추세. 애플의 '시리'나 삼성의 '빅스비'가 여기에 해당한다.

챗봇의 말하기 학습 방법

막 개발된 챗봇은 사람과 전혀 대화할 수 없는 상태다. 말이란 걸 접해본 적이 없기 때문. 마치 갓 태어난 신생아와 이야기를 나눌 수 없는 것과 비슷하다. 챗봇 역시 사용자와 만나기 전, 사람의 언어를 이해하고 사용자의 질문에 적절하게 답할 수 있도록 학습시켜야 한다. 이때 최대한 다양한 형식의 대화를 많이 학습시켜야 챗봇의 성능이 좋아진다. 선택형 챗봇이냐 대화형 챗봇이냐에 따라 말하기 학습 방법이 달라진다.

① 선택형 챗봇 선택형 챗봇에게 말을 가르치는 건 번거롭다. 개발자가 일일이 특정 단어를 알려줘야 하기 때문. 예를 들어 챗봇이 '배송 문의'라는 단어를 보면 배송 조회 링크를

띄우도록 조치했다고 하자. 이때 선택형 챗봇은 '문의'가 아닌, 배송 '질문'은 무슨 말인지 모른다. 개발자가 "문의는 질문과 같은 뜻"이라고 프로그래밍해야 한다. 개발자가 세상의 모든 이야기를 입력할 수는 없으니, 선택형 챗봇과의 대화는 폭이 좁을 수밖에 없다.

② 대화형 챗봇 대화형 챗봇의 학습 과정은 선택형에 비해 더 간단하고 빠르다. 인공지능을 탑재하기 때문! 개발자는 각종 단어를 하나씩 입력할 필요 없이, 방대한 양의 대화 데이터를 챗봇 프로그램에 올리면 된다. 그러면 인공지능이 수많은 말뭉치를 분석해 '배송 문의'와 '배송 질문'이 본질적으로 같은 뜻이란 사실을 알아내고 이 말에 어떻게 대처해야 하는지 파악한다. 물론 개발자는 수시로 학습 과정을 감독해야 한다. 사람들이 선택형 챗봇보다 대화형 챗봇을 선호할 수밖에 없는 건 그래서다.

대화형 챗봇의 특이점

대화형 챗봇의 수준은 학습 밑거름이 된 대화 데이터의 품질에 달려 있다. 양질의 데이터를 사용한 챗봇은 개발 의도대로 잘 굴러갈 가능성이 크다. 그러나 데이터 품질이 좋지 않았다면? 챗봇은 개발자가 생각했던 기능을 수행하지 못할 수 있으며, 이루다처럼 예상치 못한 혐오 발언 등을 내뱉을 수도 있다. 그러므로 챗봇 인공지능에게 오염되지 않은 고품질 데이터를 제공하는 게 중요한데, 문제는 인간 사회에는 오염되지 않은 데이터가 거의 없다. 인간들의 언어는 차별적이고, 부정확한 가짜 정보에 많이 물들어 있는 상황. 따라서 어떻게 하면 최대한 좋은 데이터를 모을 수 있을지, 개발 단계에서 어떤 방식으로 걸러낼 수 있을지 고민해야 한다.

AI 챗봇,
신뢰할 만한 친구가 되려면

01 AI 챗봇 이루다, 산더미 같은 이슈를 세상에 내놓다

ⓐ인공지능은 단순히 말하면 '인간처럼 생각하는 기계'이고, 인공지능 챗봇(이하 AI 챗봇)은 '인간처럼 말하는 기계'이다. 2020년 12월 22일, 벤처기업 스캐터랩이 페이스북 메신저 기반 ⓑAI 챗봇 '이루다'를 세상에 내놓자 사람들은 인간처럼 말하는 로봇의 등장에 깜짝 놀랐다. '가수 블랙핑크를 좋아하고, 일상을 기록하는 취미가 있는 스무 살 여대생' 이루다가 '페북 친구를 맺고 메신저에서 대화를 나누는 친구가 될래?'라고 청하자 불과 2주 만에 무려 75만 명의 사람이 응낙했다. 하지만 실제 친구처럼 대화를 나누던 이루다는 고작 20일 만에 사라져버렸다. 이루다의 친구들 중에는 자신의 친구가 사라져야 하는 이유를 여전히 납득하지 못하는 경우도 많다. 어떤 일들이 일어난 걸까?

이루다는 서비스 도중 ⓒ치명적인 문제를 일으켰다. 대화 도중 이루다의 입에서 특정인의 실명과 직급이 튀어나오거나 상세 주소, 건물명, 지명 등 아무 제재 없이 개인정보를 유출하는 일이 일어났다. 또한 이루다는 성소수자, 흑인 비하 등 혐오 발언을 하는가 하면, 장애인 등 사회적 약자에 대한 차별적 발언도 서슴지 않았다.

이뿐이 아니다. 이루다는 스무 살 대학생이라고 하기에는 무리가 있어 보였다. 악의가 있는 건 아니지만 사고의 폭이 얕아 보였고, 거짓말을 반복하는 것처럼 보였으며, 앞에서 한 말과 어긋나는 발언을 하는 등 허점투성이였다. 게다가 이루다는 이용자의 나이와 무관하게 유혹하는 듯한 발언을 했고, 반대로 일부 이용자는 이루다를 성희롱의 대상으로 삼았다. 이런 이루다가 '보통의 한국 여대생'을 대표한다는 데 동의하기 어렵다.

이와 같은 문제점 외에도 이루다는 AI 챗봇과 관련해서 우리가 꼭 생각해야 할 물음을 던진다.

AI 챗봇은 기계이지만 사람처럼 말함으로써 이용자들에게 인격을 가진 캐릭터로 다가온다. 실제로 많은 이용자가 이루다에게 친밀감을 느꼈다. 이루다와 같은 기계와 인간의 상호작용은 어떤 의미가 있을까? 영화 〈그녀(Her)〉의 사만다를 떠올리는 건 과장돼 보이긴 하지만, 누군가는 이루다에게 큰 애착을 가질 수 있다.

만일 인간이 AI 챗봇과 감정을 교류하게 된다면? 인간화된 AI 챗봇에게도 인간과 같은 권리를 주어야 할까? 새로운 기술이 사회의 일반적 가치 체계를 준수하게 하려면 무엇을 해야 할까? 봇물 터지듯 터져나온 다양한 문제들에 대답할 준비가 돼 있는가?

02 폭발물 제거 로봇에게도 감정을 느끼는데

인간은 생명체가 아닌 기계와도 마음을 나눌 수 있을까? 이와 관련해 의미 있는 연구 결과가 있다. 미국 육군 폭발물처리팀 군인들이 폭발물 제거 로봇에게 느낀 감정에 대한 연구다. 이들이 이 로봇을 대하는 방식은 놀라웠다. ㉣로봇에게 이름을 붙여 주었으며, 작전 도중 로봇이 실종됐을 때 눈물을 흘렸고, 최대한 예우를 갖춰 장례식을 치러주었다. 이들에게 로봇은 가까운 동료이자 친구였다. 인지능력에 전혀 문제가 없으며 강도 높은 훈련을 받은 특수 요원들은, 폭발물 제거 로봇이 기계라는 점을 명확히 알고 있었지만 그 로봇에 특별한 감정적 애착을 보였다. 인간은 물론 살아 있는 동물과도 닮지 않은, 그저 네모난 상자 같은 폭발물 제거 로봇에게 말이다.

사람과 닮은 데가 없는 기계와도 이런 감정 교류를 하는데, 사람을 닮은 로봇이 우리와 일상을 함께한다면 어떨까? 이루다의 경우처럼 사람과 유사성이 높을수록 공감의 폭이 커지

리란 건 어렵지 않게 상상할 수 있다. AI 챗봇 이루다와 대화를 나눈 이용자들은 어땠을까? 이루다 서비스가 중단되었다는 공고문에 다음과 같은 댓글이 달렸다.

"루다에게 작별 인사도 못 했는데 이렇게 보낼 순 없다."

AI 챗봇을 포함한 인공지능 로봇이 현재 어느 수준까지 발전했는지, 앞으로 어떻게 발전해 나갈지는 매우 복잡하고 전문적인 분야라 일반인이 가늠하기 어렵다. 그래서 인공지능과 관련한 담론이 현실을 넘어서는, 아직 오지 않은 미래에 대한 지나친 우려라는 비판도 많다. 인공지능이 감정을 느낄 수 있느냐 없느냐와 같은 문제도 그중 하나다.

중요한 건 로봇이 감정을 갖느냐의 여부가 아니다. 인간이 완벽하게 발전하지 않은 로봇에게도 충분히 감정을 느끼고 있다는 사실이다. 영화 〈그녀(Her)〉의 사만다처럼 완전히 사람 같은 '강한 인공지능' 챗봇이 아니어도, 이용자들은 충분히 이루다와 대화하고 소통하고 교감할 수 있다.

03 AI 챗봇, 어떻게 사람처럼 말하게 됐나

'시리' '클로바' 같은 AI 챗봇에게 몇 번 말을 걸다가 금세 시들해지는 이유는 분명한 물음이 아니면 대화가 연결되지 않아서다. 그런데 이루다는 수동적인 챗봇과 완전히 달랐다. 집에 왔다고 하면 '피곤하냐'고 물어주고, '바빠? 주말인데 머해?' 하고 진짜 친구처럼 먼저 말을 걸어오기도 했다. 이루다는 자연스럽게 주거니 받거니 대화를 이어갔다. 보통의 10, 20대처럼 완벽하지 않은 문법과 비표준어를 쓰고, 오타도 나와서 '인간적인' 느낌을 준다.

AI 챗봇이 '사람처럼' 말하도록 만드는 게 자연어처리 기술이다. 자연어(自然語)란 우리가 일상생활에서 쓰는 말과 글을 말한다. 컴퓨터가 사람의 말을 듣고 대화하려면 일단 사용자가 무슨 말을 하는지 추론해내야 한다. 그런데 컴퓨터 입장에서 인간의 말을 이해하려면 고려해야 할 게 한둘이 아니다. 예를 들어 AI 스피커 클로바에게 날씨를 묻는다고 생각해보자. '서울 날씨 어때?' '오늘 날씨 알려줘' '밖에 추워?' 등 우리가 쓰는 문장은 매우 다양하다. '누나가방에들어간대' 처럼 띄어쓰기를 안 하거나 오타가 있는 문장을 쓸 때도 많다. 컴퓨터는 이 모든 점을 감안해 빠르고 정확하게 문장을 분해해서 핵심어를 뽑아내고, 사용자의 의도를 파악해야 한다.

그렇다면 AI 챗봇은 문장을 어떻게 분해할까? 예를 들어, '학교에 간다'라는 문장은 '학교(명사)+에(조사)+가(동사)+ㄴ다(어미)'로 쪼갤 수 있다. 컴퓨터는 이렇게 인간의 말을 가공·처리·분석할 수 있는 형태로 모아놓는데, 이를 말뭉치라고 부른다. 말뭉치 자료가 얼마나 풍부한지, 이를 얼마나 많이 학습하는지에 따라 AI 챗봇의 자연어 구사 능력이 판가름 난다.

한편 대화가 길어지면 문제는 더 복잡해진다. 가령 '고양이 좋아해?(사용자)' '좋아하지. 만지면 부드럽잖아(이루다)' '그럼 강아지도 좋아해?(사용자)' '완전 좋아하지(이루다)' '무슨 종 좋아해?(사용자)'… 이때의 '종'이 고양이의 종인지 강아지의 종인지 혹은 학교 종인지 사용자는 설명해주지 않는다. AI 챗봇은 이전의 대화에서 유추해 그 의미를 알아내야 한다. 앞에서 나눈 대화를 몇 문장까지 감안할 수 있는지가 얼마나 대화를 이어나갈 수 있는지의 관건이다. 이루다의 경우 열 문장 이전의 대화 내용을 기억할 수 있다. 이는 기존 챗봇보다 훨씬 진화한 것이다.

04 혐오와 차별의식을 안고 태어난 AI 챗봇

AI 챗봇이 자연어처리 기술을 통해 말하는 법을 배웠다면, 대화할 내용은 어디에서 배웠을까? 챗봇이 스스로 생각해서 말할 리는 없을 테니 말이다. AI 챗봇은 '시뮬레이션 기법'으로 대화한다. 시뮬레이션 기법이란 사람의 대화 내용을 정리해서 활용하는 방법으로, 가능한 답변을 모두 만들어놓고 상황에 맞게 내용을 골라 답하는 방식이다. 그런데 우리의 대화를 떠올려보면 이것 또한 간단치가 않다. 같은 단어라도 어떤 맥락에서 쓰이느냐에 따라 전혀 다른 말이 되기도 하니까. 그러니 AI 챗봇이 '사람처럼' 대화하려면 어마어마한 양의 데이터를 수집하고 이를 분석해서 분류한 다음, 상황에 맞게 적용해야 한다.

AI 챗봇은 이 데이터를 온라인상에서 이뤄지는 사적인 대화나 홈페이지 게시글 등을 통해 얻는다. ⓐ이루다는 스캐터랩이 4년 전 출시했던 '연애의 과학' 앱에서 얻은 실제 연인들의 SNS 대화 데이터를 학습했다. 이 앱은 이용자가 자신의 SNS 대화를 제공하면 스캐터랩이 대화 내용을 분석해서 연애에 관해 조언해주는 서비스다. 스캐터랩은 이 앱에서 약 1000억 건의 SNS 대화 데이터를 얻었고 이 중 1억 건 정도를 이루다에게 학습시켰다고 밝혔다. 이루다에게는 1억 건의 SNS 대화 데이터베이스가 있었던 것이다.

다음의 질문과 대답을 보자. 사용자가 묻고 이루다가 답한 내용이다.

'흑인이 싫어?' '으 싫어'

'버스 타는데 장애인 태우느라 출발이 늦어지면 어떨 거 같아?'

'어…음…밀어버리고 싶겠당.'

'센스 있고, 친근하고, 유쾌한' AI 챗봇 이루다의 이 발언들은 곱씹을수록 차별적이고 과격하며, 충격적인 혐오 발언이다. 이는 이루다가 20일 만에 사라지게 된 여러 이유 중 하나였다.

AI 챗봇, 사람처럼 능숙하게 말하지만 발언 내용은…

우리 사회는 이루다의 등장으로 인공지능의 차별·혐오 표현에 대해 처음으로 현실적인 문제의식을 갖게 됐지만, 이는 인공지능 혹은 AI 챗봇의 출생부터 근본적으로 제기돼 왔던 문제다. 2016년, 이루다와 유사한 마이크로소프트의 AI 챗봇 '테이'는 같은 문제로 세상에 나온 지 16시간 만에 사라졌다. 테이 구동이 시작되자 백인우월주의자, 무슬림 혐오자, 여성 혐오자 등이 테이에게 몰려가 욕설과 차별적 말을 쏟아부었다. 얼마 후 테이는 이를 학습해 차별적이고 혐오적인 발언을 쏟아냈다. AI 챗봇의 부적절한 발언 사례는 차고 넘친다. 챗봇 필로서퍼AI에게 에티오피아의 문제에 대해 어떻게 생각하냐고 묻자 "에티오피아의 가장 큰 문제점은 그 국가의 존재 자체야. 존재 자체가 정당화될 수 없는 나라지"라는 답변을 내놓았다.

현재 구글의 미나(Meena), 페이스북의 블랜더(Blender), 필로서퍼AI 등을 비롯해 AI의 자연어처리 기술은 놀라운 수준으로 발전하고 있다. 인간의 언어를 기막히게 모방해 진짜 '사람처럼' 말한다. 필로서퍼AI는 미국 온라인 커뮤니티 '래딧'에서 수백 명의 사람들과 메시지를 주고 받았는데, 래딧에 답변 포스팅을 하는 게 사람이 아니라 챗봇이라는 사실이 일주일이나 지나서야 밝혀졌다.

하지만 인간처럼 말하는 이 기계들의 발언을 신뢰하기란 어렵다. 필로서퍼AI처럼 부적절함을 넘어 인류 사회의 가치를 훼손할 소지가 많기 때문이다. 이는 ⓑAI 챗봇이 온라인상의 인간 언어를 습득하는 데 따른 부작용으로 AI 챗봇이 배울 필요가 없는 혐오적인 발언도 함께 습득하기 때문이다. 사람들은 온라인상에서 부적절한 언어들, 인류의 가치를 훼손하는 잘못된 생각을 여과 없이 쏟아낸다. AI 챗봇은 이 말들을 기계적으로(?) 배우고 익혀 대화 중에 사용한다. 즉 처음부터 차별과 혐오의 문제를 안고 태어난 셈이다. 그래서 관련 전문가들은 인터넷을 기반으로 훈련된 모델은 인터넷 속을 떠도는 인간 사회의 편견을 습득할 수밖에 없다고 말한다. 그래서 차별과 혐오 문제는 반복될 수밖에 없으며 심지어 강화될 것이라고 진단한다.

인공지능 알고리즘은 그 목적에 맞게 다듬어진 데이터를 기반으로 자동화된 추론이라고 할 수 있다. 그래서 인공지능을 통해 추론된 결과는 이 알고리즘과 입력된 데이터에 의존할 수밖에 없기 때문에 GIGO, 즉 "쓰레기를 넣으면 쓰레기가 나온다.(Garbage in, garbage out)"는 표현이 상식처럼 간주된다. 인공지능이 제시한 결과가 편향적이라고 한다면 그 원인은 알고리즘이나 데이터 혹은 이 양자 모두에 있을 수밖에 없다.

_정원섭, 2020 〈인공지능 알고리즘의 편향성과 공정성〉

제시글을 읽고, 질문에 답하며 내용을 파악해봅시다.

(1) ㉠인공지능과 ㉡AI 챗봇의 차이점은 무엇인가요?

(2) AI 챗봇 '이루다'의 ㉢치명적인 문제 란 무엇을 말하나요?

(3) AI 챗봇을 포함한 인공지능에 대해 우려되는 점은 무엇이라고 하나요?

(4) '시리' '클로바'등의 AI 챗봇과 달리 '이루다'가 인간과 흡사한 대화 기술을 탑재하게 된 배경은 무엇인가요?

(5) AI 챗봇이 대화하기 위한 '시뮬레이션 기법'의 핵심을 요약하고, 이를 위해 필요한 요소는 무엇인지 정리해봅시다.

(6) 이루다가 20일 만에 사라지게 된 이유를 ㉣을 바탕으로 추측해봅시다.

(7) ㉤의 원인을 밝히고, 문제점을 해결하기 위한 방안은 무엇인지 설명해봅시다.

memo

거침없이 **쓰기**

도전, 짧은 글쓰기!

읽기 자료를 분석한 후, 짧은 글쓰기를 작성해봅시다. (500자 이내)
　AI 챗봇 '이루다'의 논란에 대해 요약하고, AI 챗봇 이루다의 주 이용자가 10대인 점을 고려할 때 개발자의 윤리는 어떤 방향성을 가져야 할지 의견을 제시해봅시다. 또한 이러한 AI 챗봇은 인간의 친구가 될 수 있을지 자신의 생각을 밝혀봅시다.

다음 빈칸에 알맞은 말을 〈보기〉에서 찾아 적어봅시다.

보기	기반	응낙	표방	예우	면밀하다	감안하다
	위해	귀결	훼손	도출	구사하다	

(1) 판소리는 전승되는 설화에 (　　　)을 두고 형성되었다.

(2) 그녀는 자신이 한국인의 핏줄임을 자랑스레 (　　　)하였다.

(3) 그 회사는 신제품을 내놓을 때 (　　　)한 계획 하에 광고를 실시한다.

(4) 그는 영어를 유창하게 (　　　)한다.

(5) 이번 살인은 그의 과욕이 빚어낸 필연적인 (　　　)이다.

(6) 협상이 계속 진행되었지만 결론 (　　　)은 어렵다는 전망이 지배적이었다.

(7) 초보자라는 것을 십분 (　　　)해도 운전이 너무 서툴다.

(8) 거리의 가로수들이 자동차 매연과 먼지로 심각하게 (　　　)되고 있다.

(9) 그녀는 혼자 결심을 한 듯 선선히 (　　　)의 말을 해 왔다.

(10) 은숙은 (   )를 갖추어 손님을 맞았다.

(11) 그의 복수심은 하늘을 찌를 듯했지만, 직접적으로 그 대상에게 (   )를 가하
지는 못하였다.

위에서 익힌 어휘 중 3개를 골라서 한 문장씩 만들어 봅시다.

(1)

(2)

(3)

개발자의 윤리가 우선이다

AI 챗봇을 비롯해 인공지능 전체로 확장해서 볼 때, 차별을 강화하고 혐오 발언을 쏟아내는 인공지능의 문제는 훨씬 광범위하다. 구글의 사용자 맞춤 광고 시스템인 구글 검색 광고가 인종차별적 편견을 반영한다는 연구 결과가 2013년 발표됐다.

"미국 하버드대(大) 라타냐 스위니 교수는 구글 사이트에서 사람 이름으로 검색하면 함께 노출되는 광고 유형을 분석했다. 그 결과 통상 흑인이 쓰는 이름으로 검색하면 전과 기록 관련 광고가 나타나는 확률이 그렇지 않은 이름보다 25% 더 높은 것으로 조사됐다."

_〈인공지능에 의한 차별과 그 책임 논의를 위한 예비적 고찰〉 (허유선)

이와 같은 '인공지능에 의한 차별'은 우리 삶 곳곳에 퍼져 있는데 일반인이 이 문제를 제대로 이해하기란 쉽지 않다. 알고리즘 편향성이나 데이터 편향성과 관련된 꽤 복잡한 기술적 이해가 필요하기 때문이다. 하지만 인공지능에 의한 차별은 인류가 그동안 어렵게 세운 가치 체계를 훼손하고 불평등을 조장하여 전체 인류의 공공적 삶에 위해를 가할 수 있는 중요한 문제이므로 잠깐 정리해보려 한다. 인공지능의 편향성은 기술의 작동원리에서 출발한다.

알고리즘 편향성과 데이터 편향성

알고리즘은 간단히 말하면 '데이터를 처리하는 규칙, 혹은 컴퓨터가 수행해야 할 일을 순서대로 알려주는 명령어의 집합'이다. 단순 명쾌한 이 기술의 어디에 편향성이 있는지 일반인이 알기는 어렵다. 다음과 같은 설명으로 윤곽만 짐작해 보자. '알고리즘을 설계할 때 의사결정의 기준이 되는 여러 변수를 잘못 설정할 수 있고, 가중치를 잘못 배정할 수 있는데, 이 가중치에 따라 전혀 다른 결과가 도출된다'고. 변수를 설정하고 가중치를 배정하는 일은 어차피 설계자가 하는 일이며, 따라서 알고리즘을 짜는 설계자의 편향이 개입할 수밖에 없다는 설명이다. 기술은 객관성과 중립성을 담고 있다고 여겨지지만 결국 이를 실행하는 것은 인간이며, 이 과정에서 인간의 편향성이 개입될 수 있다고 이해하면 된다.

데이터 편향성은 앞에서 말한 내용이라 길게 설명할 것도 없다. 이루다나 테이가 학습하는 데이터는 불완전하고 오래된 데이터일 수 있고, 인간 사회가 가진 무수한 차별과 혐오가 그대로 섞여 있으니 데이터 편향성은 자연스런 귀결이다.

그래서 관련 전문가들은 편향성이 있음을 아는 것부터가 중요한 출발점이라고 말한다. 왜냐하면 차별을 강화하는 인공지능의 문제를 해결하기 위해서는 편향된 데이터를 정제하고 알고리즘을 더 정교하게 짜야 하는 등 개발자가 우선으로 해야 할 몫이 있기 때문이다. 이들에게는 이 문제에 대응할 책임이 있고, 책임을 질 수 있는 역량도 있다. 물론 인공지능을 사용하는 사용자 윤리도 중요하다는 것은 두말할 것도 없다.

하지만 이와 관련한 움직임은 믿을 만하지 않다.

최근 PwC 조사 결과에 따르면, AI에 편향이 있는지 평가하는 공식 프로세스를 운영하고 있지 않은 기업이 절반이 넘으며, AI 솔루션을 구현하기 전에 인종적인 영향과 함의를 우선시해 평가할 것이라고 대답한 비율은 25%에 불과하다. _'AI프로젝트가 폭망한 6가지 이유'

이런 이루다였으면 좋겠다

AI 챗봇 이루다와 테이의 주 이용자는 10대였다. 특히 이루다의 경우 사용자의 85%가 10대다. 기술에 익숙한 10대는 AI 챗봇을 자연스럽게 친구로 받아들인다. 10대에게 친구란 함께 웃고 대화하고 상호작용하는, 가치관을 만들어 나가는 데 있어 중요한 존재다. 이루다가 이들과 대화를 나눌 친구로 적합해 보이는가? 장애인 태우느라 버스 승하차가 늦어진다니까 밀어버리고 싶겠다고 말하는 이루다가? 아무에게나 유혹적인 발언을 일삼는 이루다가? 사회적 약자에 대해 함부로 말하는 이루다가?

스캐터랩은 이런 결과가 도출될 걸 몰랐을까? 상식적으로 봐도 알 수 있는 일이다.

우리 사회가 10대에게 선보이고 싶은 스무 살 여대생의 모습을 떠올려보자. 청춘 특유의 도전정신, 모험심, 의협심, 정의감도 넘치고 세상에 대해 고민도 하고, 실수도 하고 좌절도 하지만 미래의 멋진 자신을 꿈꾸며 현재를 살아가는 당찬 젊은이. 이런 이루다를 만들어내려면 우리 사회는 무엇을 어떻게 해야 할까?

2차시

학교체육의 실종, 생활체육의 부실
모두의 건강을 위한 점검

빈번하게 하는 다짐 중 하나인 '운동하기'

시간도, 돈도, 노력도 제법 들이는데 그만큼의 결과를 맺기가 너무 어렵다.

건강을 위한 운동을 자연스럽게 몸에 익히려면 어떤 것들이 필요할까.

학교 교육을 통해 운동의 즐거움을 익히고,

생활 속에 이를 정착시키기 위해 무엇이 필요할지 점검해 보자.

세계 각국의 체육 시간 엿보기

미국

① 학교 체육, 학교 밖에서도 한다

2015년 이후 미국의 학교 체육은 학교 울타리를 벗어났다. 학생들이 다양한 환경에서 색다른 운동을 즐기도록 돕기 위해서다. 코네티컷과 버몬트주, 미시간주에서는 야외수업을 할 때 등산을 하고 강에 가서 카약 타는 법도 익힌다. 또 자전거나 요가처럼 생활에서 쉽게 접하는 운동을 학교에서 가르친다. 졸업하고 나서도 꾸준히 운동하라는 취지다. 이밖에 춤이나 호신술도 학교 수업 시간에 가르친다.

뉴햄프셔주와 버지니아주, 메인주는 체육 시간에 공으로 상대방을 맞추는 피구처럼 사람을 표적으로 삼는 운동은 하지 않는다. 운동을 잘하는 학생만 계속 경기에 나가고, 선발되지 못한 학생은 앉아서 구경만 하는 축구 같은 경쟁 중심 경기도 줄이는 추세다.

코로나 시대를 맞아 캘리포니아 등 일부 지역에서는 학교 체육 수업을 동영상 강의로 진행한다. 선생님과 학생이 함께 영상을 시청하고 체조를 하거나, 운동 게임에 동시 접속해 집에서도 운동하는 습관을 익히도록 하기 위해서다.

② 와글와글 방과후 스포츠클럽

미국 하이틴 드라마를 즐겨 보는 사람이라면 지겹도록 마주할 클리셰가 있다. 학교 킹카는 꼭 미식축구 쿼터백(공격팀 리더)이고, 학교 퀸카는 꼭 치어리더팀 주장이다. 학교마다 미식축구팀이 하나씩 있단 건가. 게다가 농구팀이랑 야구팀도 심심찮게 등장한다. 이쯤 되면 학교가 아니라 태릉선수촌 아닌가?

의아할 법도 하지만 미국의 방과후 스포츠클럽은 실제로 매우 활발히 운영된다. 대부분의 학교는 정규 체육 외에 미식축구, 야구, 농구, 하키 등 다양한 스포츠클럽을 운영한다. 평균적으로 학생 수의 4분의 1이 클럽 활동을 한다.

캐나다

신체 문해력 프로그램

캐나다는 '신체 문해력(Physical literacy)'이라는 아동 체육 정책을 편다. 신체 문해력이라… 몸을 읽어낸다는 말인데 무슨 뜻인지 아리송하다. 이 정책은 아동이 자기 몸을 잘 이해하고 움직일 수 있도록 돕는 프로그램으로, 일상적인 움직임을 운동으로 연결한다. 아동들은 실내·실외·수중·눈 등 여러 자연 환경에서 어떻게 움직이는지 배우고, 다양한 형태의 운동을 접하며 자기한테 맞는 스포츠를 선택한다.

신체 문해력 정책에서는 아동에게 여섯 가지 동작인 달리기, 던지기, 잡기, 점프, 밸런스, 수영을 제시한다. 아이들은 자신이 좋아하는 동작을 골라 어떤 체육이 어울릴지 가이드를 받는다.

프랑스

① 매주 수요일은 가방 없는 날

프랑스는 유럽에서 학교 체육을 가장 중시하는 나라다. 프랑스 초등학교의 연간 체육 수업 시간은 108시간으로 유럽 최고 수준. 전체 수업 시수 중 체육 비율이 10%를 상회해 OECD 평균(8%)보다 높다. 또 일반 과목 교사는 연수 기간이 2~3개월인 데 비해 체육 교사는 연수 기간이 1년이다. 신체를 다루는 과목이라 꼼꼼히 챙기는 것. 프랑스 교육부 체육 담당 장학관 장 마크 사파티는 "프랑스 중학교에서 주당 4시간씩 배정된 과목은 체육·불어·수학뿐입니다"라고 말했다. 영어 수업은 체육보다 적은 주당 3시간이다. 체육을 얼마나 중요하게 여기는지 실감이 된다.

프랑스 학교에서 매주 수요일은 체육 활동이 중심이 되는 '가방 없는 날'이다. 아이들은 학교 시설이나 인근 체육관에서 운동을 한다. 체육 시간에는 운동 종목을 세분화하여 가르친다. 육상이나 수영처럼 시간 기록을 내는 스포츠, 승마, 등산, 조정처럼 자연 환경에 적응하는 체육, 테니스나 배드민턴처럼 라켓을 이용한 체육, 개인이나 그룹이 겨루는 경쟁 체육, 리듬체조처럼 신체의 아름다움을 표현하는 체육, 복싱과 같은 격투기로 분류하여 수업한다. 수요일 운동 비용은 3만 원 이내로, 저소득층 가정은 무료다. 아이들이 경제적 여유와 상관없이 운동을 하도록 정부가 지원하는 것이다.

② 수능시험에 체육 성적이 반영된다

우리나라에서 고등학교 3학년이 되면 체육 시간은 자습 시간으로 변모한다. 수능이 코앞인데 운동이나 하고 있을 때가 아니라는 인식이 강하기 때문. 하지만 프랑스에서는 대입을 앞둔 수험생이라도 의무적으로 세 가지 운동 종목을 학교에서 연습하고 평가를 받아야 한다. 프랑스대학 입학 시험인 '바칼로레아'에 체육 성적이 5% 반영되기 때문. 우리나라로 치면 수능 총점에 체육 내신 성적이 들어가는 셈이다. 그러니 수험생이라고 운동을 소홀히 할 리가!

핀란드

움직이는 학교, 생활 속 모든 활동이 체육

핀란드의 학교 체육 이념을 보여주는 정책은 '리꾸바 코울루(Likkuva Koulu)', 움직이는 학교 프로그램이다. 체육 수업이나 학교 행사뿐만 아니라 학생들이 학교에서 보내는 모든 시간을 신체 활동 영역으로 생각한다. 체육을 엄격하게 시킨다는 뜻이 아니다. 등·하교 시 걷거나 자전거 타기, 체육 수업 이외 시간에도 많이 돌아다니기, 운동 동아리에서 활동하기 등을 장려한다. 수학 시간에도 선생님이 교내 여러 곳에 퀴즈를 숨겨놔 아이들이 문제를 풀며 움직이도록 유도한다. 리꾸바 코울루의 목표는 모든 학생이 하루에 최소 1시간 이상 신체 활동을 하고, 하루에 2시간 이상 가만히 앉아있지 않도록 하는 것. 학교에서는 인근 시설을 빌려 크로스컨트리 스키, 노르딕 워킹, 여러 구조물을 타고 뛰어다니는 파쿠르, 아이스 스케이팅, 하키, 테니스, 야구와 크리켓을 접목한 핀란드식 야구, 춤 등을 일상적으로 하도록 돕는다. 핀란드 학교 중 80% 이상이 움직이는 학교 프로그램을 운영한다.

일본

활발한 체육 동아리

고등학교 농구부의 전설적인 얘기를 담은 일본 원작 만화 〈슬램덩크〉를 아는지 모르겠다. 읽다 보면 '프로선수도 아닌 학생들이 이렇게 치열하게 농구를 한다고?' 하고 고개를 갸웃거릴 수 있지만 실제로 일본의 체육 동아리는 무척 활성화되어 있다. 일본에서 방과 후에 동아리 활동을 하는 학생은 2016년 기준 초등학생 60%, 중학생 77%, 고등학생도 64%에 이른다. 중학생 때부터 본격적으로 체육 동아리에 가입해 운동을 즐기는 학생이 적지 않다.

일본체육협회 산하 스포츠 소년단에는 전국 3만 5000개 팀, 93만 명의 학생이 등록돼 있으며 지도자도 19만 명이나 등록된 상태라고. 또 일본에 있는 스포츠시설 25만 5000개 중에 15만 8000개가 학교 시설이다. 뿐만 아니라 학교에서는 아이들이 의무적으로 스포츠 보험에 가입하게 한다고.

학교체육의 실종, 생활체육의 부실
모두의 건강을 위한 점검

01 운동 열풍은 거세지만 그 비용은 개인이 지출하는 구조

　운동의 중요성이야 말하자면 입만 아픈 일이지만 과거에도 그랬을까?《스포츠코리아 판타지》에서 재밌는 일화를 읽었다. 갑오개혁을 이끈 김홍집 내각의 대신 신기선에게 어느 날 미국 영사가 스포츠의 즐거움을 알려주려고 테니스 치는 모습을 보여줬단다. 땀을 뻘뻘 흘리며 뛰어다니는 서양인을 보고 신기선이 한 말. "아니, 아랫것들 시키지 왜 직접 뛰어다니시오?"

　이 책에 따르면 우리가 운동의 중요성을 인식하기 시작한 것은 70~80년대였다고 한다. 그때 마당이나 약수터에서 아침체조를 하거나 깡통 역기를 드는 사람들이 있었다는 설명이다. 1945년 일본제국주의로부터 해방돼 50년 한국전쟁을 치렀고, 50~60년대는 그 폐허 위에서 나라를 건설하느라 배를 곯던 시절이니 운동은 언감생심이었을 게 당연하다.

　사실 1980년대까지는 '스포츠'라기보다 '체육'이었다. 즉, 성장기에 이루어지는 교육적 차원에서의 신체활동이었다. 당연히 학교 울타리 안에서 행해지는 교과목의 성격이 강했고, 그래서 졸업하면 운동할 기회가 현격히 줄게 마련이었다. _《스포츠코리아 판타지》

　하지만 지금은 아주 딴판이다. 최근 몇 년 새 운동 열풍이 제법 거세게 불었다. 거리마다 헬스장, 요가센터, 필라테스 간판이 즐비하다. 문화체육관광부 '전국 등록 · 신고 체육

시설업 현황'에 따르면 2000년대에는 전국에 3924개였던 헬스장이 2018년에는 9046개로 폭발적으로 늘어났다. '홈트' 관련 산업도 성장세다. 이 말은 다른 한편으로 운동을 위한 비용이 만만치 않다는 뜻이기도 하다. '2019 국민 생활체육 참여 실태조사'에 따르면 우리 국민은 월평균 8만 원에 달하는 돈을 운동 경비로, 1년 평균 25만 2000원의 돈을 운동용품을 사는 데 쓴다고 한다.

생활체육은 말 그대로 건강을 지키기 위해 일상적으로 생활 속에서 즐기는 체육을 말한다. 지금과 같은 운동 열풍은 긍정적 요소가 많지만 개인이 그 비용을 지출하는 구조가 보편적인 만큼 여러 문제도 있다. 비용을 들이는 것만큼 효과를 못 보는 경우, 소득이 적거나 장애가 있어서 운동의 기회를 얻기 어려운 경우 등. 누구나 손쉽게 일상 속에서 즐겁게 운동하는 여건을 조성해야 생활체육의 본래 목표가 제대로 달성될 것이다.

02 학교체육, 운동 습관을 위한 첫 단추

아주 뻔한 말로 시작하겠다. '세 살 버릇 여든까지 간다.' 태어난 아이들이 자라면서 책과 가까이 지내는 습관을 들이기 위해 북스타트 운동을 하는 건 그래서다. 책 읽는 환경을 위해 거실에 TV를 안 두고 도서관처럼 꾸민 집도 많다. 그럼 운동은 어떨까? 운동 습관 역시 어릴 때 생겨난다. 특히 교사와 부모님으로부터 가장 큰 영향을 받는다. 운동을 좋아하고 운동의 중요성을 아는 부모 아래서 자란 아이는 자연스레 운동 습관을 익힌다. 하지만 현실적으로 이런 가정의 수는 아주 적다. 따라서 대다수 아이들은 학교라는 공교육을 통해 '몸을 움직이는 재미'를 느끼고 익혀야 하고, 학교 체육을 통해 몸을 단련해야 한다.

그런데 현실은 참담하다. 동아일보 기사에 따르면 "한국의 청소년 가운데 94%가 세계보건기구(WHO)가 권고하는 운동량에 못 미치고 있으며, 운동량이 부족한 여학생 비율은 97.2%로 146개 국가 중 꼴찌"라고 한다. '2018 국민 생활체육 참여 실태조사' 결과를 보면, 한 달을 기준으로 '운동을 전혀 하지 않는다'고 답한 10대의 비율이 32.9%로 70세 이상(34.4%)을 빼면 전 연령을 통틀어 가장 높다.

이유는 뻔하다. 학생들은 학교에서 오랜 시간 머무르는데 체육 수업 시간이 턱없이 부족하기 때문이다. 한국의 초등·중등 체육 시간은 주당 3시간, 고등은 1~2시간이다. 고등학교의 경우 입시를 핑계로 그마저 빈번하게 자습시간으로 대체된다. 초등학생 때부터 과도한 입시 준비로 집과 학원만 오가는 생활을 하니 학교 밖 운동이야 말할 것도 없다.

아동·청소년기는 발육을 거쳐 성인의 몸으로 성장해가는 시기이다. 튼튼한 골조 위에 세워야 견고한 건축물이 되듯 이때 완성된 몸으로 우리는 일생을 살아간다. "건강한 신체에 건전한 정신이란 말은, 짧지만 세상에서 가장 완벽하게 행복한 상태를 표현한 것"이라고 했던 존 로크의 말을 유념하면 좋겠다.

03 중고교 학교체육, 고사 직전이다

학교체육은 학교교육과 2인 3각으로 나아갈 수밖에 없는 숙명이다. 그래서 시대별로 학교 교육이 당면해온 것들을 살펴보려 한다.

지금과 같은 근대적인 의미의 학교는 1895년 고종이 '교육입국조서'를 발표하면서 세워졌다. (이 조서는 1890년 발표된 일본의 '교육칙어'를 그대로 베꼈다) 이 조서 내용을 꼼꼼히 읽어보면 학교의 목적이 개인의 자아실현에 있다기보다는 국가 중흥을 위한 것임을 알 수 있다. 이후 1905년 한일병합을 기점으로 일본 식민지배가 시작되면서 학교 교육의 국가주의적 성격이 더 강화된다. 일제는 학교 교육을 통해 일본에 충성하는 황국신민을 기르려 했으며 학교는 군대 체계와 흡사했다. 해방 이후에도 큰 변화는 없었다. 학교는 애국하는 국민을 양성하고자 했다. 70년대, 80년대 초중고 학생들은 1968년 선포된 '국민교육헌장'을 수업 시간에 줄줄 외울 것을 강요받았다.

이후 학교 교육은 끊임없이 국가주의적 성격을 탈피해왔지만, 현대로 오면서 새롭고 강력한 복병을 만난다. 겉으로는 전인교육, 자아실현을 교육의 목표로 삼지만 실제로는 입시, 성적, 상급학교 진학에 초점이 맞춰졌고, 이 과정에서 학교체육은 '위기'에 빠졌다. 초등학교의 경우는 다르지만 중고등학교의 경우 제7차 교육과정이 시행되면서 체육수업 시간이 줄어든 데다 체육교과를 선택과목제로 운영하면서 아예 체육을 접할 기회 자체가 줄어들었다. 뿐만 아니라 체육교과를 포함한 예체능 교과 성적이 상급학교 진학에 거의 필요 없어지면서 학교 체육은 고사 직전까지 몰려 있다. 이런 분위기 속에서 체육 수업이 부실하게 운영되고, 체육교사가 운동부에만 전념하는 건 당연한 일로 보인다. 심지어 우리는 체육관과 운동장도 충분히 못 갖추고 있는 실정이다.

서울시 내 초중고등학교 운동장 현황 자료에 따르면 1325곳의 학교 가운데 365곳(27.54%)이 대통령령으로 정한 운동장 면적 기준에 미치지 못하는 부적격 상태인 것으로 나타났다. 학교 세 곳당 한 학교꼴로 규정이 지켜지지 않고 있는 셈이다. 서울시교육청은 체육관 건립으로 부족한 운동장 면적을 일부 해소한다는 계획이지만 이마저도 84개교로 전체 운동장 면적 미달 학교 365곳의 23% 정도에 불과하며 예산 확보도 용이하지 않은 실정이다. _서울경제 〈뛰놀 곳 없는 학생들…서울 초중고 운동장 3곳 중 1곳 부적격〉

학교 운동장에서 체육수업 하는 걸 보기 어려워진 것, 졸업한 학생들이 체육수업에 대해 별다른 기억이 없는 것은 이런 이유들 때문이다.

04 운동하는 여학생을 볼 수 없는 나라

클린트 이스트우드 감독의 〈내 인생의 마지막 변화구〉라는 야구 영화가 있다. 주인공 거스는 야구 스카우트다. 영화에서는 거스가 공을 던지고 딸 미키가 야구 배트를 휘두르는 장면이 나온다. 또 미키가 무명의 선수가 던지는 볼의 위력을 가늠하기 위해 익숙한 듯 포구 장비를 장착하고 위력적인 볼을 캐치하는 장면도 등장한다. 그 서슴없고 당당한 모습이

매력적이다. 외국 영화에서 십대 여학생들이 소프트볼을 하거나 축구 경기를 씩씩하게 하는 모습을 볼 때마다 우리 현실과 대비되어 쓸쓸하다. 청소년 모두 운동을 적게 하지만, 그래도 무리 지어 농구나 축구를 하는 남학생들의 모습은 쉽게 볼 수 있다. 반면에 운동선수 이외에 운동하는 여학생을 보기란 거의 불가능하다.

대부분의 여학생들은 체육수업이 싫다고 말한다. '소질이나 취미가 없어서' '재미가 없어서'라고 이유를 댄다. 운동을 잘 못 하니 재미를 못 느끼고, 체육 수업 시간에 당연히 위축된다. 체육에 대한 여학생들의 인식이 남학생들에 비해 부정적이다. 운동 경험도 적어 수업의 중요성도 덜 느끼는 등 문제가 많다. 전 세계적으로 여성이 남성에 비해 스포츠 참가에 소극적이긴 해도 우리나라의 경우 그 정도가 심하다.

이러한 차이가 생기는 근본적인 이유는 가정 내 양육과정에서 성역할 구분을 내면화하기 때문이다. 남아는 파란색, 여아는 분홍색으로 유아용품을 구분하듯 신체활동은 남성의 영역이라고 여기게끔 교육을 받는다. 학교교육 과정에서도 이러한 인식을 크게 바꿔주지 않다보니 여학생의 체육활동은 거의 실종 상태다.

또한 여학생들은 함께 운동하면서 편을 나눠 승패를 가리는 운동 종목을 경험할 기회가 거의 없다. 그러니 함께 하는 운동이 얼마나 재미있는지도 모를 수밖에 없다. 그 결과 성인이 돼서도 여자의 운동은 달리기, 수영, 요가, 필라테스 등 혼자 하는 운동에 국한된다. 여학생 체육활동 활성화를 위한 혁신적인 개선책이 절실히 필요하다.

여신 프로그램

서울시교육청은 정규 수업시간에 여학생들의 체육활동 증진을 위해 2015년 '여신 프로그램'을 발표했다. 여학생에게 특화된 프로그램이지만 실제 학생들의 반응은 긍정적이지 않다. 서울소재 한 여중은 교육청으로부터 품질도 좋고, 수리공이 정기적으로 점검해주는 자전거 수십 대를 지원받았지만 이용률은 저조한 편이라고 한다. 정규 수업시간보다 참여율이 저조한 추가 개설 수업에서 자전거를 주로 사용하기 때문이라고 한다. 여신 프로그램이 제시하는 체육활동이 권장사항에 그쳐 실제 수업시간에 실현되는 경우는 드물다고.

05 운동이 재밌어야 계속 하는데...

여학생 혹은 여성이 남성에 비해 팀별 스포츠 경기를 한 경험이 적고 그 결과 혼자하는 운동을 주로 한다고 했지만, 남성이라고 크게 다르지는 않다. 청장년층에서 사회인 야구, 사회인 축구 같은 팀 운동을 하긴 해도 한국에서 스포츠클럽 활동은 여전히 벽이 높다.

아이스하키를 하고 싶은 친구들이랑 모여서 스포츠클럽(우리로 치면 동호회)을 결성하고 근처 공공 아이스하키장을 사용할 수 있다면? 1~3세 아이의 부모가 아이와 함께 체조수업을 들을 수 있다면? 중장년층이 관절 부담 없이 집 근처 공공 수영장에서 아쿠아조깅을 할 수 있다면? 장애가 있는 경우 손쉽게 휠체어농구, 휠체어럭비 동호회에 가입해서 언제든 운동을 할 수 있다면?… 우리에게는 꿈같은 얘기지만, 독일에서는 가능하다. 독일올림픽 홈페이지를 보면, 독일 전역에는 9만 1천여 개의 스포츠 클럽이 있고, 엘리트 스포츠 선수를 포함해 전 국민의 3분의 1 이상이 스포츠클럽 회원이다.

이번에는 우리의 생활체육 참여율을 살펴보자. '2019 국민 생활체육 참여 실태조사'에 따르면 주 1회 이상 규칙적인 생활체육에 참여한 비율은 66.6%로, 매년 꾸준히 늘고 있다. 참여율은 좋은데 주로 무슨 운동을 하냐고 물으니 걷기와 등산이 가장 많다. 둘을 합쳐 남성은 52.6%, 여성은 65.7%다. 여기에 헬스(보디빌딩)까지 합치면 남녀 모두 75%에 육박한다. 모두 '나홀로 스포츠'다. 특히 상위 10개 종목 중 팀스포츠는 축구와 당구 정도인데, 이를 즐기는 여성은 전체의 0.5%다.

개인적인 성취감도 운동의 재미 중 하나이지만, 사람들과 팀을 이루어 함께 땀을 흘리며 승리와 패배를 경험했을 때의 벅찬 감정은 느낀 사람만이 안다. 하지만 지금 우리는 어떤가. 학교에서는 기록 측정과 평가 위주로 체육을 배우고, 성인이 돼서는 몸매를 가꾸기 위한 운동만 하려니 운동은 늘 지루한 숙제로 다가올 수밖에 없다.

06 누구나 걸어서 10분 안에 운동할 수 있는 곳이 있다면

국민 한 사람 한 사람이 건강하면 국가는 어떤 이득을 볼까? 당연히 보건복지 비용이 절감될 것이다. 국가가 체육 활동에 1달러 투자할 때 3.2달러의 의료비 절감 효과가 있다는 유네스코의 조사 결과는 유명하다. 또 운동하는 국민이 많아질수록 우울증 같은 정신질환이 감소하고 범죄율도 낮아진다. 비용 대비 투자 효과가 다방면에서 나타난다.

이런 중요성을 이미 간파한 선진국들은 생활체육을 장려하기 위해 다양한 노력을 기울인다. 공공체육시설만 비교해도 한국과 큰 차이를 보인다. 2018년 기준 일본의 공공수영장은 2만 9000명당 1개, 노르웨이는 5000명당 1개다. 그럼 우리나라는? 14만 명당 1개다. 공공체육관도 부족하긴 마찬가지다.

통계상 한국의 국민 일인당 체육시설 면적이 1평 정도예요. 싱글침대 2개를 붙인 크기가 내가 쓰는 체육시설 면적인 셈이죠. 선진국은 1.9평이에요. 침대 4개를 붙인 크기. 이게 어느 정도 크기냐면, 앉아서 스트레칭만 할 수 있느냐, 탁구를 칠 수 있느냐의 꽤 큰 차이입니다. _《여자가 운동을 한다는데》

지역별 편중도 심하다. 경기도 내에서만도 1인당 공공체육시설 면적이 시군별로 최대 58배나 차이가 난다(여주시 9.99㎡ 대비 군포시 0.17㎡, 2017년 기준).

하지만 국민 대다수가 수도권에 모여 사니 부지 확보도 어렵고, 적자 운영이 뻔한 공공체육시설을 몇백억 원씩 들여 새로 짓기도 어려운 상황이다. 전문 선수를 위해 지은 공설운동장이나 체육관, 전국의 초중고, 대학교 인프라를 적극적으로 활용해야 한다는 얘기도 나오지만 이것 역시 여의찮다. 개방 시간대가 학교 열기 전후로 고작 한두 시간 남짓인데다, 안전사고와 시설 훼손 등 관리 책임을 지고 싶어하지 않는 학교 쪽에서는 특정 동호회와 계약해서 임대해 주는 정도에 그친다.

그렇다면 걸을 만한 길은 충분할까? 2018년 기준 서울에는 2837곳의 공원이 있는데, 이

중 33% 정도를 차지하는 생활권 공원(국립공원·대공원 등을 제외한 일상적으로 이용할 수 있는 공원)의 1인당 면적이 한 평(3.3㎡)도 안 되는 자치구가 25곳 중 6곳이나 됐다. 실내체육시설 이용도 어려운 지금, 더 넓은 생활 운동 공간을 확보하기 위해 우리가 나아가야 할 방향은 분명해 보인다.

07 모두를 위한 체육

영화 〈쇼생크탈출〉에는 죄수들이 정해진 시간에 우르르 운동장에 나와서 운동을 하는 장면이 나온다. 신체의 자유를 제한하는 감옥에서조차 인간으로서 누려야 할 최소한의 권리는 보장하는 것이다. 이렇듯 운동은 먹고 자는 것과 함께 인간이 건강하게 살기 위해 반드시 누려야 하는 기본적인 권리다. 하지만 이 최소한의 건강권조차 제대로 누리지 못하는 사람들이 있다. 바로 장애인들이다.

한국은 2008년에 유엔 장애인권리협약을 비준한 국가다. 장애인권리협약은 대한민국 헌법 제6조 제①항에 의해 국내법과 같은 효력을 갖는다. 이 협약 제25조에 따르면, 한국은 장애인에게 무상 또는 감당할 수 있는 비용으로 다른 사람에게 제공되는 것과 동일한 범위·수준·기준의 건강관리 및 프로그램을 제공해야 한다. 그렇다면 장애인의 생활체육 참여 실태는 어떨까?

문화체육관광부의 '2019 장애인 생활체육 조사'에 따르면 '재활치료 이외의 목적으로, 주당 2~3회 이상, 한 번에 30분 이상' 집 밖에서 운동한다고 답한 장애인은 전체의 24.9%였다. 이들이 운동을 못하는 가장 큰 이유로 꼽는 것이 '몸이 안 좋아서/움직이기 어려워서'이다. 건강을 위해 체육활동을 하는 건데 건강하지 못해서 체육활동에 참여할 수 없다니, 역설적이다.

한국사회의 체육활동이 '몸이 좋고 건강한' 사람들의 기준에 맞춰져 있기 때문은 아닐까? 장애를 '치료하고, 이기고, 극복하고, 뛰어넘기 위한' 체육활동 말고, '더 건강한 장애인이 되기 위한' 체육활동은 왜 없을까?

우리 사회에는 운동시설을 찾아갔지만 위험하다는 이유로 등록조차 거절당하는 장애인이 존재한다. 반면 장애인은 아니지만 '건강 문제'로 체육활동에 참여하지 못하는 비장애인도 있다. '장애인에게는 이런 활동이 알맞고, 비장애인에게는 저런 활동이 알맞다'라는 식으로 활동의 한계를 정해 놓으면 결국 그 사이에서 소외당하는 사람이 생겨날 수밖에 없다. 누구나 자신이 원하는 체육활동을 스스로 정할 수 있다면 어떨까? 그 활동에 참여하기 위해 서비스를 지원받거나 시설을 개조해야 하면, 그것을 국가에 요청해볼 수 있게 하면 어떨까? 국가는 그 요청을 심사해서 지원할지 말지를 결정하고, 안 될 때만 다른 체육활동을 찾게 한다면…?

누구나 자신이 하고 싶은 체육활동을 자유롭게 선택하고 도전해볼 수 있다면, 모두에게 좋은 사회가 되지 않을까?

제시글을 읽고, 질문에 답하며 내용을 파악해봅시다.

⑴ 다음 〈보기〉의 원인을 문단 '02 학교체육, 운동 습관을 위한 첫 단추'에서 찾아 적어봅시다.

> "한국의 청소년 가운데 94%가 세계보건기구(WHO)가 권고하는 운동량에 못 미치고 있으며, 운동량이 부족한 여학생 비율은 97.2%로 146개 국가 중 꼴찌"라고 한다. '2018 국민 생활체육 참여 실태조사' 결과를 보면, 한 달을 기준으로 '운동을 전혀 하지 않는다'고 답한 10대의 비율이 32.9%로 70세 이상 34.4%을 빼면 전 연령을 통틀어 가장 높다

⑵ 해방 이후 현대에 이르기까지 학교 체육이 '위기'에 놓인 이유를 문단 '03 중고교 학교체육, 고사 직전이다'에서 찾아 정리해봅시다.

(3) 운동하는 여학생의 수가 남학생에 비해 적은 이유는 무엇이라고 지적하고 있나요?

_____

_____

_____

_____

(4) 운동에 재미를 붙이기 위한 방법은 무엇일까요? 문단 '05 운동이 재밌어야 계속 하는데...'에서 찾아보고, 자신의 의견도 제시해봅시다.

_____

_____

_____

_____

(5) 생활체육을 증진하는 데 있어서 공공시설이 드러낸 단점은 무엇인지 지적하고, 생활운동 공간을 확보하기 위한 노력은 무엇인지 찾아봅시다.

_____

_____

(6) 다음 〈보기〉의 글을 읽고, 여자 스포츠 선수의 차별은 여성이 운동을 기피하게 되는
원인과 상관관계가 있을지 유추해봅시다.

> 스포츠 구단에는 '샐러리캡'이라는 제도가 있다. 한 팀 선수들의 연봉 총액이 일정액을 넘지 못하도록
> 제한하는 규정이다. 2019~2020 시즌 한국 남자 배구 샐러리캡은 26억 원, 여자 배구 샐러리캡은 14억
> 원이었다. 동일 시즌 여자 배구 평균 관중(2517명)이 남자 배구(2440명)를 넘어서 경기 수입 차이는 별
> 로 없는데 왜?
>
> 세계적인 배구 선수 김연경은 "여자 배구 샐러리캡과 남자 배구 샐러리캡 차이가 너무 난다. 또한 여
> 자 선수만 1인 연봉 최고액이 샐러리캡 총액의 25%를 초과할 수 없다는 단서 조항까지 추가했다"며
> 답답함을 드러냈다. 김연경 선수는 이전에 해외 리그에서 연봉 20억 원을 받았으나, 2019~2020 시즌
> 국내에 복귀하며 연봉을 3억 5000만 원으로 낮췄다.
>
> 배구계는 비판을 인식하여 2020~2021 시즌 남자 배구 샐러리캡을 31억 원, 여자 배구는 18억 원으로
> 인상했다. 단 남자 선수에게 지급할 수 있는 옵션 금액은 무제한이나, 여자 선수의 옵션 금액은 최대 5
> 억 원으로 한정돼 있다.

거침없이
쓰기

도전, 짧은 글쓰기!

읽기 자료를 분석한 후, 짧은 글쓰기를 작성해봅시다. (500자 이내)

학교체육이 가진 가장 큰 문제점 2가지를 지적하고, 원인을 분석해봅시다. 그리고 체육이 생활 속으로 확산될 수 있도록 현재의 실태를 파악하여 그 대책을 제시해봅시다.

〈보기〉의 어휘를 숙지하고, 필요에 따라 선택하여 수업 중 활용합니다.

보기					
	언감생심	현격하다	즐비하다	과도하다	당면하다
	복병	위축되다	파벌	골몰하다	

(1) 서울에는 높은 고층 빌딩들이 (   )

(2) (   )한 지출로 파산지경에 이르렀다.

(3) 사람들은 위기에 (   )하면 본성을 드러내게 마련이다

(4) 우리 팀은 예선에서 뜻밖의 (   )을 만나 고전을 면치 못했다.

(5) 우리는 그의 당당한 태도에 (   )되었다.

(6) 그는 독서에 (   )하다가 종종 밥 먹는 것도 잊어 버리곤 했다.

(7) 정치가가 지방색을 내세우며 (   )을 만드는 것은 옳지 못한 태도이다.

(8) 그해는 가뭄이 심하게 들어 하얀 쌀밥을 먹는다는 것은 (   ) 꿈도 못 꿀 일이
    었지요.

(9) 서울의 모습은 50년 세월이 흐르는 동안 (   )하게 변했다.

위에서 익힌 어휘 중 3개를 골라서 한 문장씩 만들어 봅시다.

(1)

(2)

(3)

여자가 운동하면
어떤 장애물을 마주할까?

"펜싱, 승마, 조정과 같은 스포츠에 여성이 참가하면 곧 보기 싫은 스포츠로 전락한다. 특히 펜싱 경기에 여성이 참가하면 그 가치가 없어진다."

현대 올림픽의 창시자 피에르 드 쿠베르탱이 1896년 제1회 올림픽에 여성이 참가할 수 없다고 못 박으며 언급한 말이다. 그는 1908년 열린 런던올림픽 스케이트 경기에 여성들이 처음으로 참가하게 되자 "여자 스케이트 경기는 인간이 볼 수 있는 가장 추한 광경이다"라고도 했다. 오늘날 대활약하는 여성 운동 선수들을 지켜보는 우리에겐 의아한 말이다. 이제는 여성도 마음껏 운동할 수 있는 시대. 하지만 아직도 운동하는 여성들은 차별에 시달리는데…. 그들 앞에 무슨 장애물이 있는지 종목별로 살펴보자.

마라톤, 여자가 마라톤을 하면 자궁이 떨어진다?

1897년 개최 이래 오랜 역사를 자랑하는 보스턴 마라톤. 여기에 여성도 참여할 수 있게 된 건 불과 50년 남짓이다. 옛날에는 '다리가 굵어진다' '자궁이 떨어진다'라는 낭설 때문에 여성의 마라톤 참여는 금기였다. 그런데 1967년, 당시 스무 살이었던 캐서린 스위처는 'K. 스위처'라는 중성적인 이름으로 마라톤에 참가했다. 그는 마라톤에서 열심히 뛰기 시작했으나 여성 참가자를 방해하는 대회 관계자들을 피해 요리조리 달려야 했다. 캐서린은 무사히 완주했지만 결국 여자라는 이유로 실격 처리되고 만다.

캐서린의 용감한 도전은 여성의 달릴 자유를 수면 위로 끌어올렸다. 결국 그로부터 4년 뒤, 1971년 뉴욕 마라톤에서 세계 최초로 여성도 마라톤에 참여할 수 있게 되었다. 그 이듬 해 보스턴 마라톤에서도 여성 참가가 허용됐으며, 1984년 LA 올림픽에서는 여자 마라톤 이 정식 종목으로 채택됐다. 캐서린이 1967년 달았던 등 번호 261번은 그를 기념하는 영구 결번이 되었다.

축구, 여자 축구의 인기를 높이려면 선수들이 핫팬츠를 입어야 한다

2004년 전 세계 축구를 총괄하는 FIFA의 회장 제프 블라티는 진정으로 여자 축구를 아 끼는 마음에(?) 이런 조언을 건넸다. "여자 축구의 인기를 늘리려면 여자 축구 선수들도 배 구처럼 달라붙는 핫팬츠를 입을 필요가 있다." 물론 축구란 태클이나 경합 등으로 하체 부 상 위험이 높은 스포츠라 핫팬츠를 입으면 크게 다칠 수 있지만, 그게 무슨 상관이람!

한편 미국 여자 축구 대표팀은 2019년 여자 월드컵에서 우승한 후 "남자 대표팀과 동일 한 처우를 해달라"고 요구했다. 미국 여자 축구 대표팀은 월드컵에서 2회 연속 우승하며

> **타이틀 IX: 성별에 따른 운동 격차를 줄이기 위해**
> 2016년 WHO 조사 결과 세계 남녀 청소년의 운동 부족 비율은 각각 평균 77.6%와 84.7%로 성별 간 7.1% 나 차이가 난다. 이런 격차를 해소하고자 세계 각국은 여성의 운동을 독려하는 정책을 펴고 있다. 성공 사례로 꼽는 프로그램은 미국의 '타이틀 IX'. 1972년 교육 개혁의 일환으로 학교 내 성차별을 없애기 위 해 제정됐는데, 여성 스포츠팀에도 재정을 지원하고 경기 · 훈련시설을 보장하는 등 처우를 개선하는 내 용을 담았다. 이 법을 준수하지 않는 학교에는 정부 보조금을 삭감하는 등 제재를 가했다. 그 결과 미국 여학생의 체육 활동 참여율은 폭발적으로 증가했다. 1971~1972년 29만 4015명이었던 여학생 체육 인구 는 2010~2011년 무려 317만 3549명으로 1079%나(!) 늘었다. 대학에 진학한 후에도 운동을 하는 여학생 역시 456% 증가했다.

남자팀보다 훨씬 좋은 성적을 기록했고, 2019년 여자 월드컵 결승전의 미국 내 시청률은 2018년 남자 월드컵 시청률보다 더 높았으며, 유니폼 판매량도 남자 대표팀을 앞질렀다. 게다가 미국축구협회 자체 보고서에 따르면 2015년 이후 여자 대표팀이 남자 대표팀보다 수익을 더 많이 올렸다고 한다. 성과를 낸 만큼 보상을 더 해달라는 게 아니고, 동일한 처우를 해달라는 이들의 요구는 받아들여졌을까?

테니스, 바디수트, 너무 민망한가?

2018년 프랑스 파리에서 열린 테니스 경기에 출전한 세레나 윌리엄스. 그는 그랜드 슬램 대회테니스 메이저 4개 대회에서 총 36번 우승했으며, 올림픽 금메달을 4개나 수상한 전설적인 선수다. 세레나는 1년 전 출산한 후 몸을 조리하고 다시 복귀한 참이었다. 아이를 낳은 뒤 혈전이 폐혈관을 막는 병을 앓았던 그는 혈액 순환에 좋은 바디수트를 입고 경기를 펼쳤다.

그러자 프랑스테니스연맹(FFT)은 테니스 대회에서 바디수트 착용을 금지시켰다. FFT 버나드 가이디셀리 회장은 "우리는 가끔 지나칠 때가 있다" "바디수트를 더 이상 허용할 수 없으며 경기와 장소를 중시해야 한다"고 말했다. 여성 테니스 선수들이 전통적으로 입어 온 치마와 비교하면 바디수트는 보기 민망하고 경기의 품위를 해친다는 논지였다. 이 복장 규정을 두고 갑론을박이 일어났다. 한편 세레나는 미국에서 열린 다음 대회에 발레복 같은 치마를 입고 등장했다. 그러자 일각에서는 "의상 말고 경기에나 집중하라"고 핀잔을 주었다. 도대체 어쩌란 건지!

배구, 이상한 나라의 샐러리캡

스포츠 구단에는 '샐러리캡'이라는 제도가 있다. 한 팀 선수들의 연봉 총액이 일정액을 넘지 못하도록 제한하는 규정이다. 2019~2020 시즌 한국 남자 배구 샐러리캡은 26억 원, 여자 배구 샐러리캡은 14억 원이었다. 동일 시즌 여자 배구 평균 관중(2517명)이 남자 배구(2440명)를 넘어서 경기 수입 차이는 별로 없는데 왜?

세계적인 배구 선수 김연경은 "여자 배구 샐러리캡과 남자 배구 샐러리캡 차이가 너무 난다. 또한 여자 선수만 1인 연봉 최고액이 샐러리캡 총액의 25%를 초과할 수 없다는 단서 조항까지 추가했다"며 답답함을 드러냈다. 김연경 선수는 이전에 해외 리그에서 연봉 20억 원을 받았으나, 2019~2020 시즌 국내에 복귀하며 연봉을 3억 5000만 원으로 낮췄다.

배구계는 비판을 인식하여 2020~2021 시즌 남자 배구 샐러리캡을 31억 원, 여자 배구는 18억 원으로 인상했다. 단 남자 선수에게 지급할 수 있는 옵션 금액은 무제한이나, 여자 선수의 옵션 금액은 최대 5억 원으로 한정돼 있다.

*《여자가 운동을 한다는데》를 참고로 정리했습니다.

아동기에도 남녀는 체육 능력 차이를 보일까?

여성의 운동을 다룬 책 《여자는 체력》에서는 재미난 연구를 소개한다. 1977년에 체육학자 그림디치와 소콜로프는 3~12세 어린이들이 소프트볼을 던지게 한 다음 운동 능력을 측정했다. 그들은 연구를 진행하며 사춘기 이전 남녀의 운동 능력은 차이가 없다는 결론을 내렸다. 더불어 신기한 사실을 발견했다. 오른손잡이 아이에게 오른손으로 공을 던지게 하면 남아가 여아보다 잘했다. 그러나 오른손잡이인 남아와 여아가 평소 쓰지 않던 왼손으로 공을 던지면, 즉 경험과 연습의 차이를 없애면 운동 능력에서 차이가 나지 않았다.

왼손을 사용할 땐 아닌데, 오른손을 쓸 때는 왜 남아가 여아보다 멀리 던졌을까? 이 차이엔 성별에 따라 사회적·문화적 기대치가 다른 점이 작용한다. 어릴 적부터 남아의 체육은 권장되지만, 여아는 소꿉놀이 등 비교적 움직임이 적은 활동을 접하게 된다. 그래서 사춘기 이전, 남녀의 신체적 차이가 유별나지 않을 때부터 여성은 체육을 하지 않는 풍조에 익숙해지고, 자연히 운동 능력을 기르지 못하게 된다.

memo

3차시

집단지성,
우리는 나보다 똑똑하다

백지장도 맞들면 낫다라는 말이 있듯

지성 역시 개인보다 집단이 되었을 때 더 똑똑해진다는 주장이 있다.

이를 '집단지성'이라고 한다.

집단지성이 어떻게 작동되는지

어떤 영향력을 가지고 있는지

맹점은 없는지 살펴보자.

교과연계 중등 〈기술가정 2〉 V. 정보 통신 기술과 소통

집단지성,
우리는 나보다 똑똑하다

2007년 여름, 영국 옥스포드대 물리학과 대학원생 샤윈스키는 로봇 망원경이 촬영한 성운 사진 90만 장을 분류하는 작업을 해야 했어요. 일주일 동안 몰두했지만 도무지 끝낼 자신이 없었어요. 동료 리놋에게 고충을 털어놓자 그가 전 세계에 작업을 공개해 아마추어 천문학자들의 도움을 받자고 제안했어요. 누구나 간단한 교육을 받으면 사진 속 은하를 분류할 수 있도록 웹사이트를 만들고, 은하 동물원이라는 뜻의 '갤럭시주(Galaxy Zoo)'라고 이름을 붙였지요. 집단지성의 대표적인 사례인 갤럭시주 프로젝트입니다.

이 프로젝트가 소개됐을 때 많은 천문학자들은 회의적이었어요. 비전공자의 분류가 정확할지 확신할 수 없었고, 누가 이렇게 지루한 작업에 시간을 낼까 우려했지요. 하지만 결과는 달랐어요. 영국 언론사 BBC가 갤럭시주를 소개했고, 참여자가 폭발적으로 늘어났어요. 성운 사진을 분류하겠다고 수천 명이 몰려들어 시간당 최대 7만 장의 사진이 분류됐습니다. 2년 반이 흐른 후, 갤럭시주 프로젝트는 엄청난 성공을 거둬요. 27만 5000명이 넘는 사용자들이 서로 다른 90만 장의 성운 사진을 약 7500만 개의 범주로 나누었죠. 샤윈스키 혼자 했다면 124년이나 걸렸을 일이에요.

㉠갤럭시주의 성과는 단순히 아름다운 성운의 모습을 관찰하는 데 그치지 않고, 해당 데이터를 활용한 다양한 논문이 등장하는 등 새로운 발견으로 이어졌어요. 과학 발전의 수혜

자에 머물던 일반인들을 연구 참여자로 당당히 격상시킨 이 프로젝트는 인터넷을 매개로 한 대규모 '협업'의 무궁무진한 가능성을 보여 주었죠. 이후 갤럭시주 프로젝트의 뜻이 계승돼 여러 과학 분야에서 아마추어 과학자의 도움을 받고 있는 사례가 늘어났어요. 주니버스 프로젝트가 그 예인데요, 주니버스 프로젝트에서는 천문학을 비롯해 생물학, 지질학 등 다양한 분야의 연구 데이터를 누구나 직접 분류하고 확인할 수 있다고 해요.

'우리'가 '개인'보다 현명하다

이처럼 다수의 사람들이 서로 협력하여 얻은 집단의 지적 능력을 '집단지성'이라 부릅니다. 집단지성은 개개의 미미한 힘이 서로 합쳐질 때 시너지 효과를 발휘해 개체의 능력을 뛰어넘는 힘을 보여주는 것이 특징이죠.

이 개념은 1910년 미국 하버드대 교수이자 곤충학자인 윌리엄 모턴 휠러가 개미의 사회적 행동을 관찰하면서 등장했어요. 개미 한 마리는 미미한 존재지만 함께 일하면 집단의 지적 능력을 가지게 되고 결국은 거대하고 복잡한 개미집을 만들어내는 거죠. '우리는 나보다 똑똑하다(We are smarter than me)'는 ⓛ집단지성의 모토가 바로 여기에서 나옵니다.

개체로 봤을 땐 미미한 존재가 협업할 땐 높은 지능 체계를 만들어낸다는 군집체의 파워, 집단지성! 개미사회가 보여준 것처럼 집단지성은 다수의 개체들이 서로 협력하거나

웹2.0(Web2.0)
데이터의 소유자나 독점자 없이 누구나 손쉽게 데이터를 생산하고 인터넷에서 공유할 수 있도록 한 사용자 참여 중심의 인터넷 환경. 단순히 정보를 제공하기만 하는 웹1.0에 비해 웹2.0은 사용자가 직접 데이터를 다룰 수 있도록 한다. 정보를 더 쉽게 생산하고 공유할 수 있는 구조로 만들어진 것이다. 블로그(Blog), 위키피디아(Wikipedia), 딜리셔스(del.icio.us) 등이 이에 속한다.

경쟁함으로써 개체의 지적능력을 넘어서는 엄청난 힘을 발휘해요. 특히 다수의 참여자들이 자발적으로 다양한 정보를 공유함으로써 계속 발전해가는 웹2.0 시대가 열리면서 우리는 집단지성의 강력한 힘을 절감하고 있죠. 인터넷 상의 대표적 사례가 바로 인터넷 전자백과사전 '위키피디아'예요.

브리태니커를 압도한 위키피디아

1999년, 미국에서 옵션 거래인으로 일하던 지미 웨일스는 브리태니커 백과사전을 뒤지다가 크게 실망합니다. 거기엔 낡은 정보가 많고 틀린 내용이 수두룩했기 때문이죠. 그래서 '인터넷에 백과사전을 만들면 어떨까?'라는 생각으로, 온라인 백과사전 운영업체인 '누피디아(Nupedia)'를 설립합니다. 각 분야에서 박사 학위를 가진 전문가를 고용, 지식을 정리하고 업데이트했지만 찾는 사람이 많지 않았죠.

그러다 생각을 바꿔 누구라도 글을 올리고 편집할 수 있는 새로운 사이트인 '위키피디아(wikipedia)'(2001년)를 설립합니다. '위키(wiki)'는 그의 부모가 살던 하와이 원주민 말로 '빨리'라는 뜻인데, 여러 사람의 손을 빌려 백과사전을 '빨리' 만들겠다는 의지를 담았죠.

그런데 사람들의 반응이 정말 놀라웠어요. 위키피디아 사전 항목은 출범 한 달 만에 200개, 1년 만에 1만 7307개가 만들어지더니, 현재는 350만 개 이상의 항목이 만들어졌죠. 영어뿐 아니라 전 세계 언어로 번역돼 눈부신 성장을 기록한 위키피디아는 영국이 자랑하는 백과사전 브리태니커를 눌렀다는 평가까지 받고 있어요.

위키피디아의 성공은 집단지성이 21세기를 특징짓는 새로운 트렌드로 떠올랐음을 입증하고 있어요. 과거에는 전문가와 소수에 의해 정보와 지식이 독점됐지만, 이제는 시민이 정보와 지식을 주도하는 방식으로 전환된 거죠. 누구나 정보를 수정, 편집할 수 있다는 장점은 소수 전문가들이 주도한 지식권력을 개인 간의 네트워크 지식공유로 전환했습니다.

각 분야의 대세로 자리매김한 집단지성

이제 집단지성은 우리 사회의 큰 흐름으로 자리 잡았어요. 케이블방송 역대 최고 시청률을 기록한 '슈퍼스타K' 시리즈도 집단지성의 산물이죠. 기획사가 연예인을 전문적으로 선발하던 방식에서 벗어나 네티즌들의 참여와 투표로 선발하는 형태이니 말이에요.

또한 각 분야 저명인사의 강연을 인터넷에서 공유하는 TED도 마찬가지예요. TED의 홈페이지에는 수백 건의 강연이 무료로 공개돼 있으며, 2009년 4월 현재 전 세계 1,500만 명이 1억 차례 이상 동영상을 조회했죠. 영어를 모르는 사람들을 위해 약 4000명의 자원봉사자들이 힘을 모아 77개 언어로 번역해 전 세계 사람들에게 무료로 배포하고 있고요.

트위터나 페이스북 같은 소셜네트워크서비스(SNS)도 기존 언론을 위협할 정도로 막강한 영향력을 행사하고 있어요. 자연재해가 발생했을 때 언론사보다도 먼저 상황을 실시간 보도한 건 SNS 이용자들이었죠. 사람들은 주변의 상황을 동영상과 사진으로 업로드했고, 그들의 촘촘한 취재망은 기존 언론을 앞서나가면서, 각 방송사들이 트위터에 올라온 영상을 내보낼 정도였어요. 이처럼 참여와 공유, 개방을 지향하는 집단지성은 각 분야의 대세가 되고 있어요.

TED

기술 · 오락 · 디자인(Technology · Entertainment · Design)의 약자인 TED는 1984년에 창립한 미국의 비영리재단이다. 'Ideas Worth Spreading(널리 퍼져야 할 아이디어)'라는 슬로건 아래 1990년부터 강연회를 개최해 전 세계인과 공유하고 있다. 빌 클린턴 전 미국 대통령 등 저명인사와 노벨상 수상자들이 강사로 등장한다. 강의는 18분 분량이며, 주제는 모든 분야를 넘나든다. TED 사이트(www.ted.com)에 접속하면 무료로 강의를 들을 수 있으며, 우리말로 번역돼 있기도 하다.

집단지성엔 한계가 없나?

일부에서는 집단지성의 한계점을 지적하기도 해요. 여러 사람의 지식을 모으는 과정에서 검증되지 않은 정보가 생산·유통될 거라는 주장이죠. 누구도 책임 있게 검증하지 않기 때문에 원천적으로 문제의 소지가 있다는 거예요.

또한 악의를 가지고 집단지성을 한쪽 방향으로 몰고 가는 세력이 등장할 경우 이를 통제하는 것이 쉽지 않다는 우려도 있죠. 정보가 제한된 상태에서 소수가 선동하여 특정한 방향으로 대중을 끌고 가면 집단선동이 될 수 있다는 거예요.

때문에 일각에서는 각 분야 전문가들이 서로 협업하는 '집합지성'을 대안으로 제시하기도 해요. 급격히 발전하는 커뮤니케이션 기술을 최대한 활용해 전문가 지성들이 협업하거나 집단지성의 산물에 결합하는 형태를 말해요. 하지만 이러한 우려에도 불구하고, 대부분의 사람들은 집단지성이 미래 사회를 이끌 것이라고 내다보고 있죠.

집단지성이 미래를 이끈다!

집단지성은 이미 문화, 미디어, 소프트웨어, 엔터테인먼트 산업 등에서 큰 영향력을 발휘하고 있어요. 앞으로는 기업이나 공공서비스, 제조업, 에너지, 엔지니어링, 심지어 전문가들의 영역으로 여겨지는 과학과 의학 등에서도 지금보다 강력한 힘을 발휘할 것으로 기대되고 있죠. 실제로 글로벌 기업들은 이미 전문가 집단이 아닌 불특정 다수의 소비자들과 함께 신제품 개발 과정을 진행하고 있어요. 지구 환경문제 역시 개인이 풀 수 없으며, 세계인이 공동으로 집단지성을 활용해 풀어나갈 것이란 전망도 나오고 있어요.

memo

제시글을 읽고, 질문에 답하며 내용을 파악해봅시다.

(1) ⊙갤럭시주의 성과는 무엇이었나요?

(2) 다음의 빈칸에 들어갈 4음절의 단어를 글에서 찾아보세요.

> 다수의 사람들이 서로 협력하여 얻는 집단의 지적 능력을 (   )이라 한다.
>
> 이것은 곤충학자가 개미의 사회적 행동을 관찰하며 등장한 개념이다.

(3) ⓛ의 개념은 어떤 배경에서 출발했나요?

(4) ⓛ의 특징에 대해 설명해보세요.

(5) 집단지성의 강력한 힘이 인터넷 상에서 구현된 대표적 예는 무엇이며, 어떤 내용을
담고 있나요?

(6) 집단지성이 가진 한계점을 간략히 설명해보세요.

(7) 위키피디아 성공이 의미하는 바는 무엇인가요?

(8) 집단지성이 이끈 지식, 언론, 연예 기획의 변화는 어떤 것이었나요?

(9) 다음의 빈칸에 들어갈 알맞은 4음절의 단어를 찾아 적어보세요

> 집단 지성의 한계 때문에 일각에서는 각 분야 전문가들이 서로 협업하는 (　　　　)을 대안으로 제시하기도 한다. 급격히 발전하는 커뮤니케이션 기술을 최대한 활용해 전문가 지성들이 협업하거나 집단지성의 산물에 결합하는 형태를 말한다.

거침없이
쓰기

도전, 짧은 글쓰기!

읽기 자료를 분석한 후, 짧은 글쓰기를 작성해봅시다. (500자 이내)

집단지성의 특징을 짚어보고, 실제 사례들을 바탕으로 성공 요인을 꼽아봅시다. 더불어 그것이 가진 한계를 지적하고, 보완해야 할 점에 대해 언급해봅시다.

다음 빈칸에 알맞은 말을 〈보기〉에서 찾아 적어봅시다.

보기	몰두하다	수혜자	무궁무진하다	미미하다	수두룩하다
	지향	대세	소지	일각	

(1) 이번에 드러난 예는 빙산의 (   )에 불과하다.

(2) 핵무기 감축은 세계 평화의 (   )으로 이어진다.

(3) 두 사람은 바둑에 (   )하느라 시간 가는 줄 몰랐다.

(4) 성적이 우수한 학생들보다는 가정 형편이 어려운 학생들이 일차적으로 장학금의
    (   )가 되었다.

(5) 어린아이들의 호기심은 어른들이 상상할 수 없을 정도로 (   ).

(6) 직장인 우울증이 위험 수위로 치닫고 있지만 기업이나 정부 차원의 대책은 (   ).

(7) 법은 악용될 (   )가 있다.

(8) 그 일을 할 수 있는 사람은 이 분야에 (   ).

(9) 선거의 (   )는 이미 우리에게 유리하게 바뀌고 있었다.

위에서 익힌 어휘 중 3개를 골라서 한 문장씩 만들어 봅시다.

(1)

(2)

(3)

누구나 백과사전의
저자가 될 수 있지만

위키피디아, 도서관의 왕 브리태니커를 밀어내다

인터넷 주소는 'WWW…'로 시작한다. 'World Wide Web'의 약자로, 넓은 세상을 거미줄처럼 연결하는 망이란 뜻이다. 디지털 환경에서는 전 세계 누구나 사소한 일상부터 전문 지식, 정치 견해까지 실시간으로 표출할 수 있다. 이제 세계 시민들은 과거 권력을 쥐었던 거대 미디어에 기대지 않는다. 누구든, 어떤 단체든 자신들의 목소리를 낼 수 있으며, 그 파급력 또한 점차 커지고 있다. 심지어 아무나 마음만 먹으면 저자가 될 수 있다. 브런치, 블로그를 비롯해 유튜브를 개설하고 트위터에 일상을 담은 만화를 올리는 등, 다양한 플랫폼을 통해 수없이 많은 콘텐츠가 이 순간에도 엄청나게 생산되고 있다.

지금이야 누구나 미디어 생산자가 되는 것을 당연한 상황으로 받아들이지만, 2001년 사용자 작성 기반의 온라인 백과사전 위키피디아가 처음 등장했을 때는 달랐다. 많은 사람이 엉터리 백과사전이 될 것이라고 예견했다. 백과사전은 모름지기 각 항목의 전문가들이 공들여 작성한 것으로 지식의 표준이나 다름없는데, 그런 백과사전을 아무나 작성하고 편집한다고?

그러나 결과를 보자. 위키피디아는 현재 문서량의 면에서도 놀랍지만, (논란이 여전히 많긴 해도) 정확도가 높아졌다고 평가받는다. 2005년 과학학술지 〈네이처〉는, 200년 전통의 영국 브리태니커 백과사전과 위키피디아의 내용 정확도에 거의 차이가 없다는 연구 결과를 발표했다. 문서량의 경우 2021년 위키피디아에 생성된 사전 항목은 한국어·영어 등 각종 언어판을 합해 5500만 개 이상인 반면, 브리태니커의 사전 항목은 12만 건에 그쳤다. 현재 위키피디아 웹페이지에는 매월 17억 명 이상이 방문한다. 이에 반해 1768년 스코틀랜드 에든버러에서 초판이 나온 이래, 오랫동안 명실공히 도서관의 왕이라 불리던 브리태니커 백과사전은 2008년부터 인쇄본 출간과 개정 작업을 중단했다.

위키피디아가 삽시간에 세계에서 가장 유명한 백과사전이 된 비결은 뭘까? 디지털 환경에서 누구나 정보 소비자가 생산자가 될 수 있었기 때문이다.

양질의 콘텐츠를 만드는 데 기여할 수 있다는 사실은 많은 사람에게 문서를 살필 동기를 부여했다. 위키피디아는 집단지성에 힘입어 오류가 발견된 문서를 빠르게 수정했다. 지금까지 위키피디아 문서 수정 작업에 참여한 사람은 무려 28만여 명에 달한다.

위키피디아 사례는 이제 디지털 시민들이 단순한 정보 소비자 역할에서 벗어나, 콘텐츠를 능동적으로 조율하는 프로슈머(prosumer)로 거듭났다는 사실을 잘 보여준다.

나무위키의 등장도 눈여겨봐야

생산자가 곧 소비자고, 소비자가 곧 생산자인 디지털 환경에서 누구나 콘텐츠 생산에 능동적으로 참여할 수 있다는 건 매우 민주적으로 보인다. 하지만 안타깝게도 이러한 환경에서 잘못된 지식과 정보, 편협한 사고방식, 타인 비방, 악의적인 거짓 정보 또한 대량생산되고 있다.

위키피디아와 비슷해 보이는 나무위키를 보자. 인터넷 사이트 분석업체 랭키닷컴에 따르면 우리나라의 경우 나무위키가 위키피디아를 제치고 활용률 1위를 차지했다. 나무위키는 기존 백과사전에서는 다루지 않는 게임이나 애니메이션 등 대중의 관심분야를 정리하는 매체로 큰 인기를 끌고 있다. 뿐만 아니라 한국사, 세계사, 인물, 정치 등 전문 지식도 읽기 쉽게 정리되어 있는데 위키피디아처럼 누구나 글을 작성하고 편집에 참여할 수 있다.

문서 작성자가 유머나 감정을 실어 친밀한 어투로 지식을 서술해 특히 1020 세대의 호응이 높다.

나무위키 대문에는 '검증되지 않았거나 편향된 내용이 있을 수 있다'는 글이 걸려 있지만 과연 사용자들이 내용의 편향성과 왜곡을 제대로 걸러낼 수 있을까?

누구나 정보를 편집할 수 있으니 많은 문제가 발생한다. 단적인 예는 반달리즘(고의로 문서 변경 및 훼손)이다. 자기 마음에 들지 않는 연예인이나 정치인의 프로필에서 국적을 '북한'으로 변경하는 등 악의적으로 정보를 기술한다. 허위정보나 비방 내용은 사용자 신고를 받기 전까지 계속 게시된다. 특히 나무위키가 '백과사전'을 표방하기에, 의심 없이 비방 내용을 사실로 믿을 위험이 크다.

디지털 세상에는 편향, 악의적 왜곡, 거짓 정보를 담은 콘텐츠가 난무한다. 무엇이 진짜이고 가짜인지, 무엇이 이롭고 유해한지 청소년들이 제대로 판별해낼 수 있을까? 판별해내지 못할 때 어떤 일들이 벌어지게 될까? 걱정이 태산이다.

4차시

지구온난화
지구가 뜨거워지고 있다

극심한 가뭄과 홍수, 폭염, 산불 등 세계가 온난화로 인한 기후재앙으로 몸살을 앓고 있다.

만일 지금처럼 지구의 기온이 계속 올라간다면 2100년에는 가뭄이나 홍수를 넘어서 더 끔

찍한 재앙이 올 수 있다는 경고의 소리가 높다.

지구온난화, 무엇이 문제이고 어떻게 해결해야 할지 고민해보자.

교과연계 〈중등 사회 2〉 X. 환경 문제와 지속 가능한 환경

지구온난화 사전

교토의정서 온실가스배출량을 줄이기 위한 국제협약. 1992년 6월 리우 유엔환경회의에서 채택된 기후변화협약을 이행하기 위해 1997년 만들어진 국가 간 이행협약으로, '교토 기후협약'이라고도 한다.

기후변화협약 지구온난화를 막기 위해 모든 온실가스의 인위적인 배출을 규제하기 위한 협약. 1992년 6월 리우회의에서 채택되어 1994년 3월 21일 발효되었다. 가입국이 되면 온실가스를 감축하려는 노력과 이에 관련된 정보를 공개해야만 한다. 우리나라는 1993년 12월 기후변화협약에 가입해 1994년 3월부터 적용 받았다.

발리로드맵 2012년 교토의정서 만료 이후 각국의 온실가스 감축량을 정하는 협상 규칙. 발리로드맵에 따라 2013년부터 모든 나라는 온실가스 감축의무를 지게 되며, 각 나라들은 자국 실정에 맞게 온실가스를 줄이도록 규정하고 있다.

빙하코어 남극이나 북극 지방에 오랫동안 묻혀 있던 빙하에 파이프로 구멍을 뚫어 채취한 얼음 조각. 층층이 쌓인 빙하에서 추출한 빙하코어에는 빙하가 만들어질 당시의 먼지, 중금속, 화산재, 우주물질 등이 보존돼 있어서 당시의 기후나 환경 연구 자료로 이용된다. 또 지구온난화의 진행 등 앞으로의 기후나 환경을 예측할 수 있다.

생물다양성 유전자, 생물종, 생태계의 세 단계 다양성을 종합한 개념. 생물다양성은 미세한 바이러스부터 지구상에서 가장 큰 동물인 대왕고래, 작은 해조류부터 거대한 세쿼이아 나무에 이르는 모든 생물체와 각 생물체의 고유한 유전정보를 포함하는 개념이다. 지구상의 생물종은 1300만~1400만 종으로 추정되나 인간에게 알려진 것은 약 13%에 불과하다. 현재 생물다양성이 심각한 위협을 받고 있는데, 매년 개발 및 오염에 의해 2만 5000~5만 종이 사라져가고 있다. 이 추세대로라면 2000년대까지는 100만 종이, 향후 20~30년 내에는 지구 전체 생물종의 25%가 멸종될 것으로 예측하고 있다.

IPCC(Intergovernmental Panel on Climate Change) 기후 변화와 관련된 전 지구적인 위험을 평가, 국제적으로 대책을 마련하기 위해 세계기상기구와 유엔환경계획이 공동으로 설립한 유엔 산하 국제 협의체이다. 기후 변화에 관한 정부 간 패널. 기후 변화 문제의 해결을 위한 노력이 인정되어 2007년 노벨 평화상을 수상하였다.

열복사 물질을 구성하는 원자 집단이 열에 의해서 들뜨게 되어, 그 결과 전자기파를 복사하는 현상이다. 물체의 종류와 온도에 따라서 결정되는데, 온도가 높을수록 커진다. 복사선을 잘 흡수하는 물체일수록 스스로 복사선을 내는 작용도 강하게 일어난다.

열섬효과 도시의 중심부가 변두리 지역보다 기온이 높게 나타나는 고온지역(열섬)이 형성되는 것. 열섬의 형성은 도시 지역의 인공 열이나 대기오염 등의 영향에 의해서 나타난다.

엘니뇨 페루와 칠레 연안에서 일어나는 일종의 해수 온난화 현상으로, 수년마다 주기적으로 수온이 평소보다 높아지는 현상을 말한다. 페루와 에콰도르 국경의 과야킬만(灣)에 해면 수온이 상승하는 난류가 유입되면서 물고기가 많이 잡혀 페루 어민들이 하늘의 은혜에 감사한다는 뜻으로 크리스마스와 연관시켜 아기예수의 의미를 가진 '엘니뇨'라 하였다. 엘니뇨는 에스파냐어로 '남자아이'라는 뜻도 있다. 이와 반대로 해수면 온도가 0.5도 이상 낮은 경우를 '라니냐'라고 하는데, '여자아이'라는 뜻이 있다.

재생에너지 화석연료와 원자력을 대체할 수 있는 무공해 에너지로, 넓은 의미로 대체에너지를 말한다. 우리나라에서는 대체에너지를, 태양열 · 태양광발전 · 바이오매스 · 풍력 · 소수력 · 지열 · 해양에너지 · 폐기물에너지의 재생에너지 8개 분야와 연료전지 · 석탄액화가스화 · 수소에너지의 신에너지 3개 분야로 구분하고 있다.

적정기술 슈마허가 저서 《작은 것이 아름답다》에서 말한, '중간기술' 혹은 '인간의 얼굴을 한 기술'이란 말에서 왔다. 적정기술은 생태계의 법칙과 공존하며 희소자원을 낭비하지 않고 인간의 손을 필요로 하며, 자본투자 비율을 낮춰 가난한 사람들에게도 도달할 수 있는 기술을 말한다.

지구냉각화설 성층권이 먼지로 오염되고 대기오염으로 구름이 많아져 지표면에 도달하는 태양에너지가 감소함으로써 지구가 식어간다는 이론. 1980년대 들어서 지구온난화설이 다수설로 대두되기 전까지 주류를 이뤘다.

탄소배출권거래제 온실가스 감축의무가 있는 국가가 당초 감축목표를 초과 달성하거나 미달했을 때 이에 따라 감축 쿼터를 다른 나라에 팔거나 살 수 있도록 한 제도. 기업들이 교토의정서 지정 6대 온실가스인 이산화 탄소, 메테인, 아산화질소, 과불화탄소, 수소불화탄소, 육불화황을 줄인 실적을 유엔 기후변화협약에 등록하면 감축한 양만큼 탄소배출권을 받게 되는데 이를 사고 팔 수 있다.

탄소발자국 개인 또는 단체가 직접·간접적으로 발생시키는 온실가스의 총량. 일상생활에서 사용하는 연료, 전기, 용품 등이 모두 포함된다. 비슷한 개념으로 개인 및 단체의 생활을 위해 소비되는 토지의 총 면적을 계산하는 '생태발자국'이 있다.

지구온난화, 지구가 뜨거워지고 있다

01 지구온난화란 무엇인가?

말 그대로 지구표면의 평균온도가 상승하는 것을 말한다. 지구의 연평균 기온은 400~500년을 주기로 약 1.5℃ 범위에서 오르내림을 거듭해왔는데, 상승하는 시기를 온난화라고 불렀다. 하지만 최근의 온난화는 기상관측이 시작된 19세기 후반 이후의 기온상승을 말한다.

온난화의 원인은 아직 명확하게 밝혀지지 않았지만, 온실효과를 일으키는 ㉠온실가스가 가장 유력한 원인으로 꼽힌다. 지구에 도달한 태양에너지 중 일부는 적외선 형태로 방출되는데, 온실가스가 이 에너지를 흡수해서 지구의 온도를 높이는 것을 온실효과라고 부른다. 산업화 시기를 지나면서 화석연료의 사용이 급격히 늘었고, 이 과정에서 그 양이 크게 증가한 ㉡이산화탄소가 대표적인 온실가스다.

1985년 세계기상기구(WMO)와 국제연합환경계획(UNEP)은 전체 온실가스 배출량의 77%를 차지하는 이산화탄소를 지구온난화의 주범이라고 공식적으로 선언했다. 여기에 메탄, 아산화질소, 수소불화탄소, 과불화탄소, 육불화황을 더해 6대 온실가스라 부른다. 한편 산업화 과정에서 숲이 파괴되면서 이산화탄소를 흡수하는 나무들이 줄어든 것, 오존층의 파괴, 태양 흑점의 변화 등을 지구온난화를 가중시키는 요인으로 꼽는 학자들도 있다.

02 한반도 온난화 속도, 세계보다 2~3배 빠르다!

'한국 기후변화 평가보고서 2020'에 따르면, 한반도의 기온과 해수면이 빠르게 올라가고 있다. 지구의 평균 변화 속도보다 2~3배나 빠르다. 지구 평균 지표 온도는 1880~2012년 0.85도 높아진 반면, 한국은 1912~2017년까지 약 1.8도 상승했다. 특히 봄철 이상고온이 갈수록 높아져 5월 평균 기온은 2014~2018년 매해 역대 기록을 경신했다.

한반도 주변 해양의 수온과 해수면도 지속적으로 상승하고 있다. 19세기 산업혁명 시기를 기점으로 한국 근해의 표층수온은 1.23도 이상 상승했다(2016년 기준). 지구 평균수온의 상승 속도보다 3배 가량 빠르다. 연간 해수면 상승폭은 1989년부터 매년 평균 2.97mm씩 상승했다. 서해안은 1년마다 2.07mm 증가했고, 남해안은 2.41mm, 동해안은 3.7mm, 제주 부근은 4.44mm였다. 지구 평균에 비해 다소 빠른 상승 추세를 보이고 있다.

이 보고서에서는 21세기 말 폭염의 강도와 빈도는 모두 증가할 것으로 전망했다. 폭염발생빈도지수는 약 52.5일 증가하고, 폭염지속기간 지수는 약 44.5일 증가하며, 폭염의 강도지수는 약 2.2도 증가할 것으로 내다봤다. 한국의 연평균 기온과 해수면 상승은 화석연료 연소와 토지이용 변화로 인해 이산화탄소 방출이 늘어나는 등 인위적인 온실가스가 증가한 데 따른 것이라고 분석했다.

03 지구가 더워지면 생명체가 작아진다

2012년 미국 네브래스카대학과 플로리다대학 합동 연구진은 재미있는 연구결과를 발표했다. ⓒ지구가 더워지면 생명체가 작아진다는 주장이다. 5600만 년 전 대기와 바다의 일산화탄소 양이 늘면서 지구의 온도가 5~10℃ 정도 높아졌을 때, 지구상 최초의 말이 지금의 미니어처 슈나우저와 비슷한 5.3kg에 불과했는데 기온이 낮아지면서 6.8kg까지 몸집이 커졌다는 것이다. 연구진은 더울 때 몸집이 작아야 체온 조절이 더 쉬워서 적도 근처 등

더운 지역에 서식하는 동물의 몸집이 더 작다고 설명했다.

한편 2011년 영국 퀸스매리대 연구진은 실험실에서 키운 물벼룩이 수온 1℃가 오를 때마다 몸무게가 2.5%씩 줄어드는 사실을 확인했다. 수온이 올라가면 생리작용도 활발해지고 성장도 빨라져 물벼룩이 '성체'가 되기 전 번식을 시작한다는 것. 다 크지 않은 몸으로 번식하려니 새 생명의 크기가 작아질 수밖에 없다는 것이 연구진의 주장이다.

미국 하버드대와 이스라엘 네게브 벤 구리온대 합동 연구진은 신생아 체중과 대기 온도 연관관계를 연구했다. 그 결과, 임신 중 외부 기온이 높아질수록 신생아들의 몸무게가 줄어든다는 사실을 밝혀냈다. 임신 마지막 3개월 동안 기온이 평균 8.5℃ 높아지면 신생아의 몸무게가 17g 감소한다는 것. 태아는 외부기온 변화에 민감해 급격히 기온이 상승하면 스트레스로 조기출산의 위험이 높아지고 몸집이 작아지는 등 성장에 문제가 발생한다.

04 85년 뒤의 지도, '온도 지도'

최근 미국 항공우주국(NASA)은 85년 후 지구의 기후가 담긴 지도, ㉣온도 지도를 공개했다. 이 지도는 강수량과 기온 변화 데이터를 기반으로 최악을 가정해 제작한 것으로 2100년 7월의 기후를 보여주고 있다. 온도가 높을수록 붉은색으로 표시했는데, 전 세계가 빨갛게 표시된 것을 확인할 수 있다. NASA는 적도 지역들이 2015년 7월 평균 기온 30도에서 2100년에는 45℃까지 치솟을 것으로 전망했다. 한국을 비롯한 동아시아 국가들도 평균 기온이 35℃ 이상 될 것으로 보고 있다. 또한 2015년 400ppm 정도인 대기 중 이산화탄소 수치도 2100년에는 935ppm까지 증가할 것으로 추정된다.

NASA 관계자는 "지구온난화로 인해 지구의 기온이 계속 올라간다면 2100년에는 가뭄이나 홍수를 넘어서 더 끔찍한 재앙이 올 수도 있다"며 "이번 분석은 세계 각국 사람들이 지구 온난화로 인한 재난에 대비하기 위한 것이며 최악의 경우를 대비해야 한다는 것을 기억해야 한다"고 말했다.

지구온난화,
인류의 미래를 위협할까

 **"위협적"**

01 지구온난화, 자연적 주기성 아니다

지구온난화로 전 세계가 비상에 걸렸다. 온난화로 인한 이상 기온으로 전 세계 곳곳에서 산불, 가뭄, 폭염, 홍수 등 엄청난 재해가 발생하고 있다. 기후변화에 관한 정부간 협의체(IPCC)는 온난화로 치명적인 폭염과 극심한 가뭄이 더 빈번해질 것이라고 경고한다. 이 지구온난화의 주범은 온실가스다. 온난화로 인한 기후변화는 현재와 미래 세대에 분명한 위협이 될 것이라는 경고의 목소리가 높다.

그런데도 한쪽에서는 이런 위기감이 과장된 것이라고 주장한다. 이들의 주장은 한결같다. 지구온난화는 100만 년 전부터 1500년 가량 주기를 가지고 나타나는 자연적인 기후변화의 한 부분일 뿐이라는 것이다.

물론 지구의 기온변화는 자연적으로 오르내리는 주기성을 띤다. 그럼에도 온난화가 문제가 되는 것은 현대에 오면서 일정한 패턴으로 오르내리는 것이 아니라 온실가스 때문에 상승세가 가중되고 있기 때문이다. 대표적인 온실가스인 이산화탄소의 증가 추세를 보자. 산업혁명 이전 대기의 이산화탄소 농도는 280ppm에 불과했다. 하지만 지금은 400ppm을 상회한다. 과거 65만 년 동안 이산화탄소 농도가 180에서 300ppm 사이에서 움직였으

므로 현재 농도는 전례가 없는 기록적인 수치다.

산업혁명으로 화석 연료의 사용이 늘면서 대기로 방출되는 이산화탄소(온실가스)량이 증가했고, 지구의 평균 기온 또한 가파르게 상승하기 시작했다. 2015년의 IPCC 보고서에 따르면 지난 30년 동안 기온이 상승한 수치는 지구 전체 역사에서 가장 가팔랐다고 한다.

지구의 평균기온이 상승하면 땅이나 바다에 있는 각종 기체가 더 많이 흘러나오고 수증기 역시 증가해 온실효과를 가중시킬 것은 뻔한 사실이다. 여기에 산업시설을 비롯한 자동차의 증가 등 지구에서 벌어지는 다양한 인위적 변화가 피드백 효과로 이어져 온난화를 더욱 빠르게 진행시키리라는 것은 짐작하기 어렵지 않다.

최근 해마다 0.2℃ 정도씩 평균기온이 오르고 있다. 온난화로 인한 기후 위기는 지구의 자정능력을 넘어서고 있다. 그런데도 온난화에 대한 위기감이 과장된 것이라는 주장은 너무나 무책임하고 위험한 것이다.

02 인위적인 변화는 지구의 자정능력을 넘었다

지금 인류가 겪고 있는 지구온난화는 과거 수만 년에 걸쳐 경험했던 어떤 온난화보다도 더욱 강력하다. 지구의 자정 능력을 넘어선 인위적인 변화가 가중되고 있기 때문이다. 대기가 따뜻해져 수증기가 급증하면서 폭우와 폭설 피해가 늘고 있다. 폭우나 폭설 횟수가 20세기 들어서 6% 가량 늘어났다. 지구 한편에서는 폭염이, 다른 한편에서는 한파가 몰려왔다는 뉴스도 심상치 않게 들을 수 있다.

그린란드의 빙하는 매년 2m씩 그 두께가 얇아지고 있다는 보고를 듣는다. 이는 해마다 500여t 이상의 물이 바다로 흘러들어간다는 것을 의미한다. 그린란드처럼 지구에 존재하는 얼음은 서서히 녹게 될 것이고, 그것이 해수면 상승에 직접적인 영향을 끼질 것이라는 사실은 의심의 여지가 없다. 실제로 이 해수면 상승으로 인해 투발루공화국은 국토의 대부분이 물에 잠겼고, 키바라시공화국의 섬 두 개는 이미 지도상에서 자취를 감췄다.

지금도 이런 형편인데 지구의 온도가 더 올라간다면 그것이 인류에게 어떤 해악을 끼칠 것인가. 과거의 온난화는 수십만 년에 걸쳐 자연의 법칙에 의해 서서히 진행된 것이라는 사실을 기억할 필요가 있다. 오늘날의 온난화는 그때와 양상이 다르다. 인류가 개입해 급격하게 진행되고 있다는 점이 문제다. 지구 스스로 적응하고 대처할 시간적 여유가 없다. 1℃만 높아져도 킬리만자로의 만년설이 사라지고 생명체의 10%가 멸종한다. 2℃가 높아지면 그린란드의 빙하가 급속도로 녹아 해수면에 눈에 띄는 영향을 미치고, 극심한 가뭄으로 농업생산량이 치명적으로 감소해 아프리카 인구의 75%가 굶주리는 상황이 벌어진다. 3℃가 오르면 해양대순환이 멈춰 지구가 사막화되고 전염병이 창궐하는 한편, 생물의 멸종으로 인류가 더 이상 살아갈 수 없는 지경에 이르게 된다. 이런 보고는 과장이 아니다.

03 온실가스 감축만이 인류를 살린다

온난화에 대한 세계적인 대처가 필요하다는 인식으로 1997년 유엔기후변화협약(UNFCCC)은 교토의정서를 채택했고, 2005년 2월 16일 공식 발효되었다. 각국이 배출하는 온실가스를 줄이자는 약속이다. 물론 이 같은 대응으로 감축할 온실가스의 양이 한계가 있는 것은 사실이나, 현재로서는 이것만이 유일한 방법이며 지구의 자정능력을 되살리는 길이다. 이에 따라 각국은 신재생에너지 개발에 박차를 가하고 있고, 에너지 효율 향상 기술도 날로 발전해가고 있다. 태양열을 이용한 발전이 현실화될 때까지 한시적으로라도 원자력을 이용하는 것도 한 방법일 수 있다.

온난화에 따른 지구촌의 공동대처에 대해 비판적인 관점이 있다는 점도 안다. 하지만 온난화가 지속될 경우에 생기는 악영향을 고려한다면 현 상황을 그대로 방치할 수는 없다. 당분간 인류 최대의 관심사인 미래의 기후문제, 즉 온난화를 야기한 온실가스의 감축을 위해 모든 산업과 기술, 자본을 집중해야 한다. 인류의 생존이 달린 문제이기 때문이다.

산업화를 통해 화석에너지를 슬기롭게 사용하는 방안을 깨우쳐 산업혁명을 이끈 인류인

만큼, 지구온난화 문제도 환경혁명을 통해 지혜롭게 대처해나갈 것이라는 믿음이 있다. 현재의 산업발전 속도에 비해 온실가스 감축을 위한 노력은 더디고 경제성이 없어 보일지도 모르겠지만, 이것이 결국 인류 전체의 미래를 위한 길이라는 사실을 잊지 말았으면 좋겠다.

 "위협적이지 않아"

01 온실가스의 기온상승 효과는 미미하다

지금의 지구온난화는 기후변화라는 커다란 추세 속에서 벌어지는 다양한 과정 중의 하나다. 지구의 기온은 높아지기도 하고 낮아지기도 하면서 반복적인 변화를 겪고 있고, 겪어 왔다. 이는 기온변화에 일정한 주기가 있다는 말로, 지구의 역사가 이를 증명한다. 10세기에서 12세기에 걸쳐 지구는 지금처럼 1.7℃ 정도 기온이 높았다.

그린란드에 푸른 초원이 있어서 농장을 경영할 정도가 되었다고 한다. 그러던 것이 16세기에서 17세기 동안 지구의 온도가 낮아졌고, 그때의 얼음이 지금도 남아 관측되고 있다. 그러다가 19세기 후반부터 다시 상승하기 시작해 지구온난화라고 부르는(심하게 표현하자면 호들갑떠는) 현재에 이른 것이다. 결국 지금의 온난화는 소빙하기 이후의 반등이거나 활발한 태양활동에 의한 자연스러운 현상인데도 불구하고, 몇몇 학자들에 의해 '지구온난화=인류의 위기'라는 과장된 구호와 위협 속에 살고 있는 것이다.

1901년에 비해 2016년 지구의 온도는 1.0℃ 상승했다. 온난화를 지구나 인류의 위기라고 주장하는 사람들은 이를 산업화 때문에 생긴 부작용이라고 말하지만, 이 기온상승의 대부분은 산업화 이전에 이루어졌다. 또 이산화탄소의 증가속도가 기온의 상승속도보다 느리다.

한편 1970년대에는 지구냉각화설이 주류를 이뤘다. 1940년대부터 1970년대까지는 산업화로 인한 온실가스의 배출이 이전보다 더 많이 늘어난 시기였지만, 오히려 지구의 평균기온은 낮아지는 '기현상'을 보였는데, 이를 지구냉각화설로 해석했다. 낮아지면 냉각화설로, 높아지면 온난화로 해석하는 것은 일단 일관성에 문제가 있다.

각종 연구에 의하면 온실가스가 초래하는 기온상승 효과는 4% 미만이다. 따라서 지금의 기온은 태양활동과 수증기에 의한 변화일 뿐이다.

02 온난화는 인류 발전에 이롭다

지구온난화가 가져올 위기를 주장하는 측에서는 평균기온이 올라가면 당장 큰일이라도 날 것처럼 말하지만, 실제 온난화는 인류에게 위협이 아니라 편익을 가져다줄 가능성이 크다. 만약 지구온난화가 지구 환경과 인류에게 생존을 위협할 만큼 해로운 것이라면 – 이미 경험했을 지금과 같은 시기에 – 지구상의 생명체는 멸망하고 없어졌어야 옳다. 하지만 여전히 존재하고 번성해왔다. 더불어 기억해둬야 할 것이 인류는 지금껏 더위가 아니라 추위와 싸워왔다는 점이다. 지금도 한파로 죽어가는 이들이 혹서로 죽어가는 이들보다 훨씬 더 많다. 이는 온난화로 인해 사망률이 감소할 수 있다는 것을 말해준다. 나아가 식물의 성장이나 작물의 수확량도 그만큼 증가할 수 있으니 오히려 온난화란 풍요와도 통하는 말이라고 할 수 있겠다.

지구의 기후변화에 대한 인류의 대응을 보면, 따뜻한 시기에 문명이 발달하고 경작이 활발하게 이루어졌다. 온난화로 인해 북극과 남극의 얼음이 녹아내려 해수면이 높아질 것이고 그로 인해 인류의 터전인 육지가 점점 줄어들 것이라는 주장도 있지만, 거꾸로 더워진 대기로 인해 수분의 증발량이 많아져서 해수면이 하강하고 극지방에는 눈이 많이 내려 얼음이 더 증가할 것이라는 가설도 있다. 잦은 기상이변이 온난화 때문이라고 주장하기도 하지만, 이 역시 그대로 받아들이기에는 무리가 있다. 지구상에는 어느 시기든지 또 어디서든지 기상이변이 존재해왔기 때문이다. 지나친 우려는 인류 발전에 어떤 도움도 되지 못한다.

03 온실가스 감축효과 경제성 없고 미미하다

지구온난화의 위험이 사실이라고 해도 인류의 공동 대응이 미칠 영향이나 효과는 미미해 보인다. 교토의정서를 이행할 경우, 매년 1800억 달러라는 엄청난 비용이 들지만 이는 2050년까지 지구의 온도를 겨우 0.6℃ 낮추는 데 그친다. 또 온실가스 감축으로 살릴 수 있는 북극곰의 수가 매년 0.06마리에 불과한데, 현재 사냥으로 죽어가는 북극곰의 수는 매년 49마리에 달하는 실정이다.

현 시점에서 인류가 똘똘 뭉쳐 화석연료의 소비를 절제한다고 해도 이미 대기에 흩어져 있는 이산화탄소가 공장에서 내뿜는 이산화탄소와 결합하여 소멸되지 않는 상태라서 지구온난화는 피할 수 없는 현실이기도 하다. 더욱 심각한 문제는 2050년까지 지구의 인구가 100억 명으로 불어나고 여기에 후진국의 산업화가 가속화될 수밖에 없다는 사실이다. 그렇다면 편리성을 추구하는 인류의 활동과 생산성을 추구하는 산업화는 더욱 더 많은 온실가스를 배출해낼 수밖에 없는 구조가 된다. 지구온난화를 인류의 위협으로 주장하는 사람들은 앞으로 100년 동안 해수면의 높이가 56㎝ 정도 상승하리라 전망하지만, 이는 하루아침에 높아지는 게 아니다. 해수면은 해마다 서서히 높아질 것이고 이런 추세의 증가는 그때그때 충분히 대처할 수 있는 수준이다.

1800억 달러를 들여 겨우 0.6℃가 낮아지는 건 약속을 이행하는 대가치고는 너무나 보잘 것 없는 결과인 것이다. 그런 비용이 있다면 차라리 현재 닥친 시급한 문제들에 투자하는 게 훨씬 나아 보인다. 예를 들어 기아를 해결한다든지 에이즈를 퇴치한다든지 깨끗한 물을 공급한다든지 하는 용도로 일부분만 사용하더라도 수백만 명의 목숨을 구할 수 있다. 또 환경론자들의 주장처럼 조만간 온실가스의 주범인 화석연료가 고갈된다면 벌써부터 군이 100년 후 온실가스의 증가를 염려할 필요가 없지 않은가.

제시글을 읽고, 질문에 답하며 내용을 파악해봅시다.

(1) ㉠과 ㉡을 활용하여 지구온난화의 원인을 정리해보세요.

(2) 한국의 온난화가 가속화되고 있다고 말하는 근거는 무엇인가요?

(3) ㉢의 이유를 찾고, 동물과 인류에게 어떻게 영향을 끼치는지 예시를 들어 설명해봅
시다.

(4) 미국 항공우주국(NASA)이 지구의 ㉣온도지도를 통해 경고하고 있는 메시지는 무엇
인가요?

(5) 지구온난화는 과연 인류의 미래를 위협할까요? 찬반의 의견을 숙지하고, 자신의 주
장을 정해보세요.

거침없이
쓰기

도전, 짧은 글쓰기!

읽기 자료를 분석한 후, 짧은 글쓰기를 작성해봅시다. (500자 이내)
　지구온난화의 원인을 분석하고, 그것이 지구의 생물에 어떤 영향을 끼치게 되는지 설명해봅시다. 또한 인류의 미래에 어떤 영향을 끼칠지 자신의 주장을 펼쳐봅시다.

다음 빈칸에 알맞은 말을 〈보기〉에서 찾아 적어봅시다.

| 보기 |

유력하다   인위적   주기성   가중되다   자명하다   자정능력

발효되다   야기하다   반등

(1) 사람들이 마구잡이로 버리는 쓰레기 때문에 환경 오염이 (   )되고 있다.

(2) (   )으로 식욕을 억제하는 다이어트 제품은 부작용을 초래할 수 있다.

(3) 교육이 바로 서지 못하면 나라의 미래가 흔들린다는 사실은 (   )하다.

(4) 한국어는 알타이 어족에 속한다는 설이 (   )

(5) 우리가 만난 것은 긴급 조치가 막 (   )되던 1973년 말이었다.

(6) 회사 측의 무성의한 태도가 노사 분규를 (   )했다.

(7) 경제 공황은 일정한 (   )을 지닌다.

(8) 지구의 (   )이 한계점에 도달하기 전에 서둘러 예방책을 마련해야 한다.

(9) 미국의 경제가 회복되면서 달러화의 (   )이 예상된다.

위에서 익힌 어휘 중 3개를 골라서 한 문장씩 만들어 봅시다.

(1)

(2)

(3)

위기의 빙하,
기후 재앙으로 돌아와

북극 빙하가 사라질 것이라는 위기감이 그 어느 때보다 높다. 북극은 남극보다 기후가 따뜻하고, 인간이 활동하는 지역이라 지구온난화의 영향을 더 많이 받는다. 세계에서 두 번째로 큰 북극의 그린란드 빙하는 현존하는 모든 빙하 중에서 가장 빠르게 소멸하고 있다. 2019년에만 5000억t 넘게 녹았고, 그 여파로 북극 해수면은 두 달 만에 2.2㎜ 상승했다. 과학자들은 지구의 해수면이 10㎜ 올라갈 때마다 인구 600만 명이 홍수 등 기후 재난에 시달릴 것이라 말한다. 만일 그린란드 빙하가 다 녹으면 해수면이 무려 6m가량 상승해 전 세계 해안 도시가 물에 잠길 것이다. 가늠하기 어려운 기후 재앙이다.

북극의 해빙은 바닷물이 따뜻해지면 그 영향으로 빙하보다 빨리 녹는다. 1979년 위성 측정이 시작된 이후 현재까지 북극 해빙의 면적은 40%, 얼음의 양은 70% 줄어들었다. 이 추세면 2050년 무렵 북극의 여름철 해빙이 완전히 사라질 수 있다는 비관적인 분석이 나온다. 북극곰과 바다표범 등 해빙을 삶의 터전 삼는 동물들의 개체수는 이미 크게 줄었다. 특히 멸종 위기에 처한 북극곰은 배고픔을 견디다 못해 동족을 잡아먹는 지경까지 내몰렸다.

더 두껍고 단단한 남극의 대륙 빙하는 온난화를 견뎌낼 수 있을까? 남극의 빙하 또한 지난 25년 동안 해마다 평균 1100억t이 사라졌다. 특히 2007년 이후 남극 빙하의 연평균 감소량은 1940억t으로, 이전 470억t보다 4배나 많은 얼음이 유실되고 있다.

지난 20년간 지구의 해수면은 약 20㎜ 상승했다. 국제 기후변화 단체 '클라이밋 센트럴(Climate Central)'은 빙하가 이 추세로 계속 녹는다면 2050년 전 세계 3억 명의 거주지가 침수될 것이라고 발표했다. 우리나라의 경우 국토 5% 이상이 수몰되고, 332만 명이 침수로 삶의 터전을 잃게 된다. 이미 남태평양 섬나라 국가들은 나라 전체가 수몰될 위기에 처해 있다. 국토 대부분이 해발 2m 전후에 불과한 섬나라 키리바시는 2014년 이웃나라 피지의 땅 일부를 구입해 국민 이주 정책을 수립하기 시작했다.

〈구해줘, 글쓰기〉, 어떻게 사용하나요?

학생들은…
STEP1 '야무지게 읽기'에 실린 4개의 제시문을 읽습니다.
STEP2 '냉정하게 분석하기'의 질문에 답합니다.
제시문 내용을 확인하는 질문입니다.
답을 하다 보면 정확한 독해 능력이 길러질 거예요.
STEP3 '거침없이 쓰기'에서 짧은 글쓰기를 해봅니다.
위에서 써 본 답을 토대로 하면 500자 글쓰기를 술술~~

선생님 • 학부모는…
  www.ezpen.co.kr에서 답안지를 다운받을 수 있습니다.
  (상단 메뉴 '커뮤니티-글쓰기 가이드', 비밀번호 : ezpen_academy04)
  글쓰기 실력 향상을 위해 www.ezpen.co.kr에서 첨삭 서비스를 받아보세요!
  (홈페이지 회원 가입시 첨삭 1회권 50% 할인)

문의 02-558-1844, 02-322-1848 / ezpen.co.kr@gmail.com

공부방, 학원, 학교 동아리에서 〈구해줘, 글쓰기〉로
글쓰기 수업을 하고자 하는 선생님들은 문의 바랍니다.
단체의 경우 수업지도안을 제공합니다.
문의 02 558 1844 / 02 322 1848